À *propos de Marc Gervais*

Marc Gervais est conférencier professionnel depuis 1995 et fondateur de *La Renaissance*, une entreprise nationale qui a pour mission de faire renaître les gens à leur équilibre intérieur. Il a donné près de 700 conférences touchant les thèmes axés sur la croissance personnelle. Jusqu'à aujourd'hui, grâce à son succès phénoménal, il a rejoint des milliers de personnes.

MARC GERVAIS

Son sujet préféré touchant «L'ÉQUILIBRE INTÉRIEUR» peut être diffusé au sein des entreprises, auprès de groupes d'employés ou de cadres supérieurs afin de favoriser l'harmonie personnelle et organisationnelle.

Marc Gervais peut présenter des conférences pour des groupes d'au moins 50 personnes, et ce, à travers tout le Québec, l'Ontario et en Europe. Si tu es intéressé à organiser un tel projet, entre en contact avec lui.

Il est aussi disponible pour des consultations privées sur rendez-vous seulement. Pour obtenir une information détaillée sur les services offerts, tu peux communiquer directement avec lui.

larenaissance@sympatico.ca
Montréal: 514-332-9111
Ontario: 613-632-9654

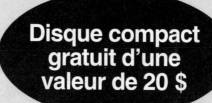

Disque compact gratuit d'une valeur de 20 $

**Disque compact
«Le Pardon» de Marc Gervais
gratuit lors d'une inscription à une
conférence de trois jours seulement
dans toutes les villes où les sessions
de *La Renaissance* sont offertes.**

**Vous devez donc apporter votre livre
lors de la conférence pour qu'il soit
estampillé et ainsi obtenir le disque
compact gratuit.**

*Par la même occasion,
vous pourrez faire autographier
votre livre par Marc Gervais.*

Fac-similé et photocopie non acceptés.

Approuvé par: _____

(Nul si détaché)

LA RENAISSANCE

Retrouver l'équilibre intérieur

Données de catalogage avant publication (Canada)

Gervais, Marc, 1964-

    La renaissance: retrouver l'équilibre intérieur

    (Collection Motivation et épanouissement personnel)

    Comprend des références bibliographiques

    ISBN 2-89225-466-3

    1. Bonheur. 2. Réalisation de soi. 3. Tranquillité d'esprit. 4. Amour. 5. Estime de soi. 6. Dépendance (Psychologie). I. Lévesque, Aline. II. Titre. III. Collection.

BF575.H27G47 2001   158   C2001940480-8

Dépôts légaux: 2e trimestre 2001
Bibliothèque nationale du Québec
Bibliothèque nationale du Canada
Bibliothèque nationale de France

Conception graphique de la couverture:
OLIVIER LASSER

Photo de la couverture:
JEAN-MARIE BIOTEAU, LES PRODUCTIONS 12 ZOULOU

Collaboration à la rédaction:
ALINE LÉVESQUE

Photocomposition et mise en pages:
COMPOSITION MONIKA, QUÉBEC

ISBN 2-89225-466-3

Nous reconnaissons l'aide financière du gouvernement du Canada par l'entremise du Programme d'Aide au Développement de l'Industrie de l'Édition pour nos activités d'édition (PADIÉ) ainsi que le gouvernement du Québec grâce au ministère de la Culture et des Communications (SODEC)

Imprimé au Canada

MARC GERVAIS

LA RENAISSANCE

Retrouver l'équilibre intérieur

Les éditions Un monde différent ltée
3925, Grande-Allée
Saint-Hubert (Québec)
Canada J4T 2V8
Tél.: (450) 656-2660
Site Internet: http//www.umd.ca
Courriel: info@umd.ca

Ce livre est dédié à mes parents,
Yvon et Yvette, qui m'ont donné la vie.

Table des matières

A. Les changements sociaux – B. La dépendance affective

1. Ils vivent le moment présent – 2. Ils sont responsables et se prennent en main – 3. Ils sont eux-mêmes – 4. Ils sont passionnés – 5. Ils dédramatisent – 6. Ils sont réalistes; ils font face au problème sans fuir et peuvent reconnaître leurs torts – 7. Ils communiquent aisément leurs idées et leurs émotions – 8. Ils axent leurs pensées sur la solution et non sur le problème –

Remerciements

Merci à ceux qui me sont chers et qui m'ont soutenu dans mon propre cheminement de vie: j'apprécie votre appui, votre inspiration et votre amour. Jamais mon cœur ne vous oubliera.

Depuis que *La Renaissance* existe, je dois beaucoup à tous les participants qui m'ont fait confiance. Je suis particulièrement reconnaissant aux centaines d'intervenants qui m'épaulent constamment et m'appuient afin d'accomplir ce grand objectif: celui d'aider les gens à se prendre en main et à retrouver leur équilibre intérieur.

Je profite d'ailleurs de cette occasion pour m'excuser auprès de tous ceux qui ont subi le contrecoup de mes souffrances personnelles et qui en ont été blessés. Je vous demande à tous sincèrement pardon. Ne me prenez pas pour quelqu'un d'autre – quelqu'un qui ne me ressemble pas: comme vous, je suis humain et, comme vous, j'ai droit aussi à l'erreur.

Merci à André et Françoise Blanchard, propriétaires des éditions Un monde différent, pour la confiance et l'amitié qu'ils m'ont témoignées. J'ai été grandement impressionné par leur contact chaleureux et leur ouverture d'esprit.

Un merci tout particulier à Aline Lévesque qui m'a accompagné dans ce projet de livre. Je l'ai d'abord connue par le biais de son livre *Guide de survie par l'estime de soi*[*] que je recommande chaudement. Son expérience et son énergie positives nous ont permis à tous deux de vivre une belle complicité et de réaliser l'un de mes rêves les plus précieux.

---

* Publié aux éditions Un monde différent ltée.

Note aux lecteurs

Ayant un style direct et chaleureux, j'ai l'habitude de tutoyer tous les participants lors de mes ateliers. Au risque de déplaire à ceux qui préfèrent le vouvoiement, je m'adresserai aussi à mes lecteurs en les tutoyant. Ne voyez pas là un manque de respect mais seulement une façon pour moi de favoriser un rapprochement et de donner un ton plus personnel à ce livre.

De plus, je tiens à préciser que ce livre est destiné autant aux hommes qu'aux femmes, mais je me suis permis d'utiliser le genre masculin afin de ne pas alourdir le texte.

«JE RENAIS!»

Pour la majorité d'entre nous, nos parents nous ont inculqué certains principes qui leur semblaient importants. Chose certaine cependant, l'éducation va bien au-delà des bonnes manières ou des valeurs de base, c'est pourquoi nous avons aussi hérité de nos parents de cette aptitude au bonheur et à la confiance.

Certains n'ont toutefois pas eu cette chance et se sont sentis abandonnés lorsqu'ils étaient jeunes. Ils n'ont apparemment manqué de rien, mais pourtant personne n'était là quand ils éprouvaient de la peine ou qu'ils vivaient dans l'angoisse. Ils ont ainsi appris à leurs dépens que le monde est cruel et ils en sont venus à croire qu'il ne faut jamais avoir confiance en personne.

Peu importe à quel moment de ta vie tu as fait ces bilans pessimistes, il n'en reste pas moins maintenant qu'une forme de *désapprentissage* est nécessaire, car malgré toute ta bonne volonté, et même si tu veux de tout cœur acquérir de nouvelles valeurs, les anciennes referont nécessairement surface tôt ou tard, tant qu'elles n'auront pas été complètement comprises puis libérées.

«La leçon de vie la plus utile et la plus bénéfique consiste à désapprendre ce qui n'est pas vrai. Je dois modifier certaines de mes attitudes si je veux découvrir la clé du bonheur.»

Ma renaissance

À une certaine période de ma vie, j'étais rendu à un point où ma détresse était si grande que je ne me reconnaissais même plus. Je portais des masques pour laisser croire que tout allait bien, mais au fond je souffrais terriblement à l'intérieur de moi sans jamais oser m'ouvrir à personne. Je demeurais seul avec ma souffrance, incapable de l'exprimer, de peur d'être jugé comme un faible ou d'être ridiculisé par mes amis ou mes collègues de travail.

À cette époque, je me sentais tellement délaissé, vivant avec un vide intérieur si profond, j'étais loin de ma famille et surtout loin de moi-même. Ce vide s'était créé peu à peu autour de moi et l'étau se resserrait à cause d'une accumulation d'émotions mal gérées liées à de multiples épreuves refoulées (divorce, infidélité, abus sexuel, rejet, honte) et à plusieurs décès que je n'arrivais pas à accepter.

Afin de m'arracher temporairement à ce mal qui m'habitait et pour fuir cette réalité quotidienne, je me suis évadé par l'alcool durant plusieurs années; ce qui a évidemment aggravé la situation et détérioré ma santé. Je me sentais si renfermé et si blessé que le seul fait de vivre s'avérait pour moi un fardeau continuel. J'étais troublé par des pensées obsessionnelles, me répétant sans cesse que je passais à côté de ma vie et que j'étais un perdant. Pour tout dire, j'avais bien peu d'amour pour moi-même et je cherchais à compenser ce manque par une sexualité vécue à travers plusieurs relations toxiques (je t'en donnerai des exemples un peu plus loin dans le livre) et malsaines.

En ce qui me concerne, je sais maintenant que la source de mon refoulement intérieur venait de très loin, de mon passé, en fait précisément de ma tendre enfance alors que j'ai été abusé sexuellement par un voisin et par un prêtre. Et puisque les agresseurs m'ont répété maintes et maintes fois de ne rien dire à personne, je suis ainsi devenu par la force des choses un enfant renfermé sur lui-même, comme si j'étais dépourvu du moindre sentiment.

Bien des années plus tard, dans mon travail de policier, il m'est arrivé de rencontrer des victimes qui portaient plainte pour agressions sexuelles, cela me ramenait immanquablement au secret qui sommeillait en moi. Fidèle au comportement que j'avais adopté, j'avais le cœur dur comme une roche et je démontrais très peu d'émotions.

Je visitais souvent les membres de ma famille dans le but de recevoir un peu d'amour de leur part, mais je repartais déçu, le cœur encore plus vide. Étant membre d'une famille dysfonctionnelle, les marques d'affection étaient particulièrement rares, si bien que je n'avais jamais entendu les mots «je t'aime».

D'autre part, le fait de croire «qu'à mon âge, être célibataire et sans enfant constituait un autre échec de ma vie» ne m'apportait pas du tout de réconfort et contribuait plutôt à m'ajouter une pression supplémentaire sur les épaules. J'ai constaté alors que je ne progresserais pas dans mon cheminement personnel, tant et aussi longtemps que je me verrais dans un rôle de victime: victime de la vie, de mes souffrances et de mon passé.

Je suis en mesure de dire que ma vie a commencé à être un succès le jour où j'ai cessé de me mentir à moi-même et où je me suis mis à faire ce que j'aimais. Ce jour-là, j'ai opté pour la vie: la mienne, telle que je veux la voir se dérouler. Et j'ai décidé de m'engager à faire tout ce qui était en mon pouvoir afin de la changer *pour le mieux*. Depuis, j'ai toujours su retrousser mes manches et j'avance avec confiance dans cette direction.

Bien sûr, pour y arriver, j'ai participé à plusieurs groupes de croissance personnelle et j'ai dû consulter à maintes reprises. J'ai ainsi appris par moi-même quelles étaient les caractéristiques des gens heureux et je me suis efforcé de les vivre. En fait, j'ai restructuré ma vie et mes pensées d'abord, puis j'ai pu faire ensuite le tri de mes amis.

Au cours de toutes ces démarches, j'ai découvert la racine de plusieurs de mes problèmes et de mes comportements destructeurs. Pour m'aider à cheminer, j'ai compris que de nourrir constamment ma motivation avec des lectures positives me permettrait grandement de changer mon attitude face à la vie.

Maintenant, j'exprime tout ce que je ressens sans crainte de ce que les autres vont penser. J'ai compris qu'avec un mode de vie sain, il est possible de rester équilibré même à travers les épreuves les plus rudes.

Suite à cet éveil sur le sens de ma vie et sur moi-même, j'ai changé à bien des points de vue. J'ai découvert avec un réel plaisir qu'il m'était alors devenu primordial d'aider les gens à se prendre en main. À l'époque, dans le cadre de mon travail de policier, j'ai bien sûr tenté de soutenir les délinquants, les alcooliques, les drogués, pour qu'ils arrivent à croire en leur potentiel et à changer leur vie. Ayant moi-même été délinquant dans ma jeunesse, je pouvais vraiment les comprendre.

Cependant, justement à cause du poste que j'occupais, je me trouvais parfois en conflit d'intérêts parce que j'épaulais alors certaines personnes qui me confiaient leurs crimes. Voilà la raison pour laquelle j'ai quitté mon emploi de policier et que j'ai choisi d'aider le plus de gens souffrants possible en créant *La Renaissance*.

Ce que je suis devenu aujourd'hui, je le dois à toutes les expériences que j'ai vécues et à certaines personnes que j'ai croisées sur ma route. Comme je crois que rien n'arrive «par hasard», chacun a contribué à ma perception de moi-même et à mon évolution. Merci à tous ceux qui ont marqué ma vie par leurs simples paroles:

- *Raymond: «Petit train va loin».*
- *Coco: «Je veux voir la mer».*
- *Chantal: «Jamais je ne t'oublierai».*
- *Ben et Nancy: «Tu seras toujours de la famille».*

- *Fernand D.: «De frère religieux au Viagra, oui j'ai le droit de changer.»*
- *Jean-Louis: «J'ai le cancer.»*
- *Kathy: «Je t'aime, le frère.»*
- *Nathalie: «Tu dois avoir mal pour boire comme ça!»*
- *Valérie: «Je vais décortiquer ton mal, parle-moi.»*
- *Steve W.: «Lâche pas, Ti-rouge!»*
- *Guy: «Fake L. Bomb!»*
- *Caroline: «Parfois les gens tombent en amour avec l'amour...».*
- *Robert: «Si j'ai pardonné aux assassins de mon père, on peut tous pardonner».*
- *Eduardo: «Tu es unique, il n'y en a qu'un comme toi».*
- *Ivon: «C'est juste le sida, je ne me laisserai pas mourir, tu vas voir».*
- *Richard: «Dis-le pas à personne.*
- *Maggie: «L'échec n'est pas une option quand tu veux réussir».*
- *Michelle: «I do».*
- *Pierre: «On est malades».*
- *Une inconnue: «Va t'acheter un nouveau cœur, je vois que tu as mal».*
- *Papa: «Le silence est d'or».*
- *Maman: «On est fiers de toi».*
- *Louis: «Ce n'est pas toujours facile, mais c'est faisable!»*
- *Un prêtre: «Il faut qu'il fasse noir pour voir les étoiles».*
- *Mylène: «Coco est mort».*
- *Samuel:«Je t'aime, mon oncle».*

- *Sonya: «1,2,3, go!»*
- *Gabriel: «La vie, c'est vite passé».*
- *P.D.: «Ça ne marchera pas».*
- *Michel: «Tu es comme un père pour moi».*
- *Jean-Guy: «La pire prison, c'est parfois à l'intérieur de soi».*
- *Vicky: «Je suis lesbienne».*
- *André: «Tu sais que tu es vraiment bon quand les autres cherchent à t'imiter.»*
- *Sophie: «C'est moi la petite sirène: pense à ton enfant intérieur».*
- *Erick: «Assume ce que tu es».*
- *Moi-même: «Regarde en avant et ne lâche pas».*

La vie n'est pas toujours facile. Quand on accepte cette vérité, on accepte aussi plus facilement les épreuves, car on les voit comme faisant partie intégrante de sa vie. Pour chaque épreuve, je me dis toujours que j'ai quelque chose à apprendre de cet événement. En ayant une telle conception de la vie, cela nous permet de nager plus facilement avec le courant et de surmonter les hauts et les bas qui se présentent. Je crois que toute situation a sa raison d'être et que le temps m'enseignera sûrement la leçon à retenir.

Tu ne tiens pas ce livre entre tes mains pour rien. Le «hasard» veut t'aider à y voir plus clair et à prendre position afin que tu puisses vivre une vie au centre de laquelle vont se développer le bonheur, la joie de vivre, la paix intérieure, l'humour et l'estime de soi.

D'ailleurs, un des plus grands privilèges qu'on ait en tant qu'être humain, c'est d'avoir la possibilité de recommencer à neuf chaque fois que nous le désirons. Donc, voici l'occasion idéale pour toi aussi de vivre *ta renaissance* et de retrouver *ton équilibre intérieur*.

Introduction

La Renaissance

*L*A RENAISSANCE, c'est un incontournable moment de bonheur vécu par le biais d'une désintoxication émotionnelle afin de retrouver la paix de l'esprit, un équilibre de vie, et même, dans le cas de plusieurs participants, le goût de vivre.

LA RENAISSANCE, c'est aussi une entreprise nationale que j'ai mise sur pied, en 1995, et qui a pour mission de faire *renaître* les gens pour qu'ils redeviennent vraiment eux-mêmes, qu'ils apprennent à s'aimer, et que cela leur permette de parcourir le chemin du bonheur et de retrouver l'équilibre intérieur.

LA RENAISSANCE, c'est une conférence de trois jours qui traite de croissance personnelle et portant sur plusieurs aspects de la vie d'une façon humoristique, émotionnelle et aussi avec une touche musicale. On demande aux participants d'écouter plutôt que de parler, ce qui en fait une conférence bénéfique pour tous.

Je crois que la vie est simple mais que les êtres humains se la compliquent inutilement De toute évidence, ce n'est pas suffisant de *souhaiter être heureux* pour l'être vraiment, sinon tout le monde serait heureux tout le temps. Le désir ne suffit pas. Combien connais-tu de gens heureux? Sont-ils nombreux? Est-ce la majorité de ceux que tu fréquentes? N'oublie pas le proverbe: «Qui se ressemble s'assemble.»

Quand on regarde autour de soi, si l'on se fie aux attitudes des gens et aux statistiques: tout semble bien indiquer que le bonheur comble peu de gens. D'ailleurs, les médias s'emploient largement à rapporter les malheurs et les problèmes de la société. Tu as sûrement entendu dire que «les gens heureux n'ont pas d'histoire». C'est tout à fait faux! Ils ont leur propre histoire, mais elle est tout simplement méconnue! Et comme ils ne font pas de vagues, ils ne font pas non plus les manchettes, alors on entend à peine parler d'eux. C'est pourquoi j'ai décidé de te donner un aperçu de leur vie.

T'es-tu déjà posé la question: «En quoi les gens heureux sont-ils différents de moi?» ou encore: «Qu'est-ce que je peux faire de plus pour être heureux autant qu'eux»? Sans prétendre détenir LA vérité, mes expériences de vie m'ont appris à devenir heureux et à le rester, peu importent les circonstances, et ce, à chaque jour de ma vie. Je souhaite partager avec toi le fruit de mon vécu qui a contribué jusqu'à maintenant à faire cheminer des milliers de personnes.

Bien entendu, il m'a fallu du temps pour comprendre que le bonheur n'a rien à voir avec la chance, mais que c'est plutôt un choix, une décision à prendre. Même si la tendance actuelle est souvent de fuir la réalité à travers certaines dépendances (que ce soit le travail, le magasinage, le jeu, les drogues, la boisson, la sexualité, la nourriture, la dépendance affective, etc.), il n'en reste pas moins que d'être capable de faire face à la réalité s'avère une preuve de santé mentale.

On nous a beaucoup appris quant au développement de notre quotient intellectuel, mais très peu au sujet de notre quotient émotionnel. Il n'y a qu'à regarder notre société malade pour constater l'urgence des changements à effectuer en profondeur. Les prisons sont remplies à craquer de gens incapables de gérer leurs émotions, les hôpitaux aussi d'ailleurs. Les dépressions, le cancer et les problèmes cardiaques de plus en plus courants ne sont que l'admission involontaire d'émotions refoulées; sans parler de la violence, de la méchanceté et des suicides qui sont aussi le lot de gens aux prises avec la souffrance.

Au cours de son enfance, chaque être humain accumule une foule d'émotions et pourtant aucune école ne lui enseigne à les gérer. Ainsi, on passe une grande partie de notre vie *en réaction* à des événements du passé. Notre présent demeure en parallèle avec notre passé: c'est inévitable! Il faut absolument se couper de ces programmations automatiques, se défaire de ces fantômes et réapprendre des comportements logiques, intelligents et sains. En ce sens, ce livre se veut un guide, un outil de référence.

Nous allons d'abord définir ce qu'est le bonheur, puis nous établirons le profil des gens heureux selon des caractéristiques particulières. Ensuite, il te sera possible d'imiter ce modèle afin de devenir toi-même une personne heureuse et équilibrée.

Par ce livre, tu seras en mesure de bien saisir les pensées, les actions et les comportements appropriés pour bâtir ton propre bonheur. Mais personne ne le fera pour toi: **c'est entre tes mains**! Toi seul es responsable de ta vie et de ton bonheur. Mon rôle se limite simplement à te donner les règles du jeu.

Non seulement est-il important de réussir dans la vie, mais il importe aussi de bien réussir sa vie.

En travaillant à créer ton bonheur, tu jouiras d'une vie excitante et plaisante parce que tu seras heureux par choix!

> ## «LE SIMPLE DÉSIR D'ÊTRE HEUREUX NE SUFFIT PAS POUR L'ÊTRE!»

Pourquoi doit-on apprendre à être heureux ?

Les temps changent, tout évolue à une vitesse vertigineuse, mais les individus perturbés par autant de transformations profondes ne parviennent pas tous à trouver leur place. À mon avis, voici les raisons pourquoi il est de plus en plus nécessaire maintenant d'apprendre à être heureux et de connaître les règles du jeu de la vie.

A. LES CHANGEMENTS SOCIAUX

D'abord, de plus en plus de gens se cherchent parce qu'ils n'arrivent plus à retrouver autour d'eux ce qui comptait ou prévalait dans leur vie depuis toujours: la famille, le travail, les amis, la religion, etc. Tout bouge très vite, trop vite parfois. Nous vivons une période importante de changements dans notre société d'aujourd'hui, mais y a-t-il quelqu'un qui nous a préparés à vivre autant de bouleversements? ou à gérer nos émotions? Personne.

Pourquoi penses-tu? Parce que les générations précédentes étaient beaucoup moins stressées que celles d'aujourd'hui et qu'elles pouvaient compter sur certains privilèges dont «la sécurité d'emploi», «les syndicats protecteurs», «les fonds de pension garantis», et tout cela davantage à leur rythme. Mais voilà, tout est chambardé. La preuve en est d'ailleurs «que les églises sont vides et que les thérapies sont pleines.» Et si nous essayions de comprendre pourquoi?

De nos jours, les gens sont moins naïfs et n'ont plus peur de remettre en question l'hypocrisie de certaines religions. Comment se fait-il qu'encore aujourd'hui l'Église puisse prêcher: «Aimez-vous les uns, les autres», alors qu'elle n'accepte pas les homosexuels? Pourquoi les divorcés n'ont-ils pas droit de communier, alors que l'Église enseigne de pratiquer le pardon? Pourquoi le fait de mettre un condom est-il un péché, alors que les gouvernements dépensent des milliers de dollars pour nous éduquer par des campagnes de prévention contre le sida? Pour ma part, je trouve triste et même stupide que certaines religions préfèrent laisser mourir une personne plutôt que de lui permettre de recevoir des transfusions sanguines qui pourraient la sauver.

Dans la mentalité de beaucoup de gens, avoir un enfant sans être marié demeure encore un tabou social, alors qu'on prône l'union des familles. D'ailleurs, combien d'adoptions et d'avortements découlent de cette fausse croyance, alors même que plusieurs religions se disent contre l'avortement?

Certaines religions s'opposent à la jouissance de la chair alors qu'il est prouvé que tout être humain a joui au moins une fois dans sa vie, ne serait-ce que par masturbation, y compris sûrement les hommes de foi. Certains mettent en doute les conseils des prêtres sur le mariage parce qu'ils n'ont aucune expérience dans ce domaine. On sait qu'un gramme de pratique vaut mieux qu'une tonne de théories.

Le conférencier américain, Robert H. Schuller, auteur de plusieurs livres de pensée positive et pasteur de la *Crystal Cathedral* en Californie, déclare qu'il est triste que plusieurs religions inculquent encore aux gens des principes qui reposent sur la culpabilité. Tout bien considéré, il est grand temps qu'on leur apprenne clairement comment prendre leur vie en main tout en demeurant réalistes!

B. LA DÉPENDANCE AFFECTIVE

Selon moi, la dépendance affective s'avère le pire malaise de notre génération. Elle est à la source de nombreux problèmes majeurs tels les dépressions, les abus de médicaments, la consommation de drogues ou d'alcool, les relations malsaines et la violence, jusqu'aux meurtres parfois.

La dépendance affective prend racine dans le manque d'amour de ton passé. Elle est souvent associée à l'incapacité de tes parents à répondre à tes besoins affectifs durant ton enfance.

À cause de ce manque, le dépendant affectif ressent un vide intérieur qu'il cherche à combler sous diverses formes. Il a tellement soif d'affection qu'il est incapable de supporter une solitude prolongée. Il est souvent en amour avec la passion et la sexualité, plutôt qu'avec la personne qu'il rencontre.

De plus, il lui arrive fréquemment de forcer l'attachement des autres afin de combler ce besoin d'amour constant. C'est ce qui explique entre autres pourquoi un dépendant affectif est plus agréable à vivre au début d'une relation. Ensuite, son comportement peut empirer dès qu'il sent que l'autre lui est lié par les sentiments.

Un dépendant affectif possède les personnes de la même façon qu'on possède des objets. Lorsque deux dépendants affectifs vivent une relation commune, ils se possèdent l'un l'autre. Parfois, ils demeurent ensemble par habitude et non par amour, ce qui les amène à oublier l'importance de l'amour jusqu'à perdre aussi finalement leur amour-propre, en ne s'aimant plus eux-mêmes.

Le conjoint d'une participante m'a dit: «Avant de faire les ateliers de *La Renaissance*, ma femme m'aimait davantage: elle me téléphonait 20 fois par jour et elle s'inquiétait de tout ce que je faisais. Alors, je lui ai répondu: «Elle ne t'aime pas moins maintenant, elle a seulement cessé d'être jalouse». C'est incroyable comment on peut confondre l'amour avec les comportements de dépendance qui ne sont vraiment pas de l'amour.

Les gens peuvent se laisser prendre facilement aux illusions de l'amour sous une de ces formes:

⇨ l'ennui qui est plus souvent de l'incapacité à apprivoiser sa solitude;

⇨ le coup de foudre qui est rattaché sans nul doute à l'attrait sexuel;

⇨ l'attachement relié au manque d'amour du passé;

⇨ la jalousie qui donne une impression d'amour alors qu'elle démontre surtout un manque de confiance.

Heureusement, les dépendants affectifs peuvent reprendre espoir, car l'amour véritable existe et ils peuvent se rebâtir. Puisse mon livre être un outil pratique en ce sens.

Les douze caractéristiques
des gens heureux

À travers mon cheminement, j'ai pu constater que les gens heureux ont certaines caractéristiques en commun. J'ai appliqué ces principes dans ma vie et ils m'ont été très bénéfiques. Il me fait plaisir de les partager avec toi.

Voici d'abord la liste que je développerai de façon plus détaillée ensuite.

1. Ils vivent le moment présent.

2. Ils sont responsables et se prennent en main.

3. Ils sont eux-mêmes.

4. Ils sont passionnés.

5. Ils dédramatisent.

6. Ils sont réalistes; ils font face aux problèmes sans fuir et peuvent reconnaître leurs torts.

7. Ils communiquent aisément leurs idées et leurs émotions.

8. Ils axent leurs pensées sur la solution et non sur le problème.

9. Ils ont continuellement des buts à réaliser.

10. Ils souhaitent être encore plus heureux.

11. Ils aiment donner et faire plaisir aux autres.

12. Ils ont une confiance inébranlable en leur potentiel.

1. ILS VIVENT LE MOMENT PRÉSENT

Les gens heureux ne sont pas constamment en attente du bonheur, ils le vivent dans l'instant présent. Ils ont compris que le passé a fui, que le futur est absent et que seul le présent est à eux. La vie est courte même si parfois certains bouts nous semblent longs.

Chaque jour, les gens heureux profitent de la vie comme s'il allait être le dernier. En ce sens, si j'étais propriétaire d'un restaurant, j'aurais une enseigne qui se lirait comme suit: «*La vie est courte, commencez par le dessert!*»

2. ILS SONT RESPONSABLES ET SE PRENNENT EN MAIN

Voici sans doute l'une des caractéristiques les plus rares à trouver de nos jours: je dirais même que c'est une minorité de la population qui se prend réellement en main, car les gens manquent souvent de discipline. Pense simplement à toutes les diètes qui ne durent pas plus de deux mois ou encore à toutes les prisons surpeuplées de récidivistes et aux hôpitaux bondés. Des millions de dollars sont dépensés pour des antidépresseurs chaque année par ces gens aux prises avec le mal de l'âme.

Les gens heureux savent que leur bonheur est leur entière responsabilité et ils n'imposent à personne le fardeau de les rendre heureux. Ils comptent sur leurs propres ressources et actions pour atteindre le niveau de bonheur qu'ils croient mériter.

Se prendre en main veut aussi dire être autonome, c'est-à-dire être capable de fonctionner par soi-même sans béquilles. Cela n'exclut absolument pas la possibilité de s'informer pour apprendre et ensuite prendre des décisions plus éclairées. Cela vaut pour toutes les sphères de la vie.

3. ILS SONT EUX-MÊMES

Regarde les jeunes enfants... ils sont heureux sans se poser de questions, ils ne se demandent pas ce que les autres pensent d'eux. Ils pleurent ou rient spontanément. Où as-tu enfoui ta propre spontanéité si on t'a répété tant de fois: «Ne pleure pas, il y a de la visite»?

Les gens heureux sont bien dans leur peau, ils sont eux-mêmes, c'est-à-dire qu'ils sont vrais. Ils ne cherchent pas à donner une fausse image de qui ils sont. Selon eux, il vaut mieux dire que ça ne va pas au lieu de faire semblant que tout va. Ils sont capables de dire «j'ai mal» lorsque c'est le cas. Comme ils n'agissent pas en victimes, ils ne cherchent pas à se faire plaindre, mais plutôt à faire connaître leur vrai état d'âme.

Ils ne portent pas de masques, ils sont authentiques; ils n'ont pas peur du regard des autres, ni de l'honnêteté. En fait, ils peuvent te dire très franchement et avec respect ce que les autres diront souvent «dans ton dos».

Je peux témoigner de cette façon de faire franche et directe de dire les choses en te faisant part de deux événements survenus lors de mes conférences.

Un jour, on a reçu un appel pour nous aviser que la grand-mère d'une participante venait de décéder. Une intervenante m'a demandé de quelle façon on allait lui apprendre cette mauvaise nouvelle. Je lui ai répondu: «Simplement et directement». Je me suis aussitôt approché de la personne concernée et je lui ai annoncé clairement le décès de sa grand-mère.

Lors d'une autre conférence, un participant sentait particulièrement mauvais, plusieurs personnes autour de lui en étaient incommodées, elles s'impatientaient et se demandaient comment le lui faire savoir. Alors, je suis allé vers ce participant et je lui ai dit: «Monsieur, votre hygiène laisse à désirer». Depuis, cet homme a su corriger la situation.

Il est important d'être direct, sans hypocrisie, tout en étant respectueux. Il est vrai aussi que quand tu poses une question claire et précise, tu as plus de chance de recevoir une réponse claire et précise.

4. ILS SONT PASSIONNÉS

La passion, c'est une émotion forte qui, lorsqu'elle est jointe à un but, permet de garder notre vision malgré les embûches. La passion, c'est ce qui fait la différence entre un rêve et la réalité parce que les passionnés vont plus souvent passer à l'action pour obtenir ce qu'ils désirent.

Les gens heureux s'adaptent aisément aux changements. Ils ne se sentent pas menacés par eux, ils les acceptent d'abord et cherchent à s'y adapter ensuite. Ils vont même en provoquer pour susciter du mouvement, de l'énergie dans leur vie. Ils sont tout le contraire des chenilles africaines.

Les chenilles africaines avancent instinctivement à la queue leu leu en suivant la chenille devant elle. Lors d'une expérience en laboratoire, on a placé les chenilles en cercle sur une table de bois et on a déposé au centre de la nourriture dont elles étaient particulièrement gourmandes. Les chenilles ont commencé à tourner en rond autour de la nourriture et sont toutes mortes de faim. Elles avançaient selon leur habitude «programmée» en elles: soit de se suivre l'une et l'autre. Et toi, dans ta vie, as-tu déjà été une chenille? As-tu déjà suivi ta mère dans la soumission, la critique ou la dépression? ou ton père dans la boisson ou en prison? ou tes amis dans la drogue? ou ton conjoint dans la violence verbale?

Ose être et penser différemment de la normalité. Nelson Mandela, prisonnier pendant 26 ans, disait souvent que lorsqu'il sortirait, il serait président de son pays. Ses gardiens de prison riaient bien de lui, mais il n'empêche pas moins que le jour même de sa sortie ou presque, il a voté pour lui-même et est devenu président du Congrès national africain et à peine 4 ans après sa libération, il devenait président de la République d'Afrique du Sud.

Ted Turner, un Américain, voulait ouvrir un poste de télévision qui fonctionnerait 24 heures sur 24 et ne diffuserait que des nouvelles informatives. Il a été grandement critiqué. Pourtant, il est maintenant à la tête de *CNN*, un des postes américains les plus populaires et qui fonctionne exactement comme il l'avait prévu.

En fait, la même chose m'est arrivée. Lorsque j'ai démissionné du corps policier pour fonder les conférences de *La Renaissance*, j'ai été jugé, critiqué, ridiculisé même. Plusieurs amis et collègues m'ont abandonné. Mais j'ai persévéré et aujourd'hui mon équipe d'intervenants comprend plusieurs policiers qui, eux aussi, croient passionnément en mon projet. Si tu ne gères pas bien tes émotions, il est toujours plus facile de te décourager.

5. ILS DÉDRAMATISENT

Les gens heureux ont la capacité de dédramatiser les événements désagréables qui surviennent dans leur vie parce qu'ils ne tolèrent pas très longtemps les mauvaises périodes et n'ont pas du tout tendance à s'apitoyer sur leur sort. J'ai appris cela avec le temps et la capacité de dédramatiser est devenue pour moi comme une seconde nature.

Un jour, un participant à mes conférences est entré dans mon bureau en me disant qu'il venait de subir un accident de voiture. Je lui ai dit : «Lâche prise, voyons, ce n'est que de la tôle», mais il insiste pour que j'aille jeter un coup d'œil. Il poursuit en me disant que dans cet accident c'était «mon» véhicule qui avait été endommagé. Alors, je lui ai répondu simplement et calmement : «Lâche prise : c'est juste une auto... et les assurances vont s'arranger avec le reste.»

Je me suis rendu compte que les gens qui parlent de leurs problèmes comme s'ils étaient énormes, c'est qu'au fond, ils les imaginent énormes. Tu peux changer ton problème en changeant ton attitude face à lui. Plus tu alimentes ton problème avec tes pensées et tes peurs, plus il devient lourd à porter. Ne laisse jamais un grain de sable devenir une montagne dans ta vie.

Voici d'ailleurs un cas où le fait de dédramatiser a bien aidé. Un jour, une dame vient me confier en larmes que son mari l'a abandonnée. J'essaie de la calmer et de la faire parler davantage de sa situation. Elle pleurait le départ d'un homme... qui la battait, la dévalorisait et ne la respectait pas. À la fin de notre entretien, elle a réalisé que ce départ était finalement un cadeau du ciel. Cet exemple démontre bien que quand on dramatise, on manque parfois de logique.

6. ILS SONT RÉALISTES: ILS FONT FACE AU PROBLÈME SANS FUIR ET PEUVENT RECONNAÎTRE LEURS TORTS

Les gens heureux ne fuient pas la réalité, ils font face aux situations qui se présentent. Ils n'ont pas peur d'analyser la situation et s'ils constatent qu'ils ont eu tort, ils ont l'humilité de l'avouer. Les orgueilleux qui se croient parfaits et sans failles sont bien loin du bonheur.

L'humilité apaise les critiques ou empêche que les problèmes deviennent démesurés. Par exemple, l'ex-président des États-Unis, Bill Clinton qui, par son manque d'humilité à reconnaître ses torts dans l'affaire Lewinsky a fait débourser des millions de dollars à son pays pour mener une enquête à ce sujet, et ce, pendant que des milliers de ses concitoyens mouraient de faim.

7. ILS COMMUNIQUENT AISÉMENT LEURS IDÉES ET LEURS ÉMOTIONS

Une des qualités essentielles au bien-être réside dans notre capacité à exprimer clairement et franchement ce qu'on pense et ressent intérieurement; pour ce faire, on doit être conscient de nos émotions, de ce qui se passe en nous et on doit utiliser les mots justes pour traduire ses sentiments.

J'ai remarqué que souvent les gens ne savent pas reconnaître leurs émotions. Un participant à mes conférences est venu me rencontrer et m'expliquer qu'il ressentait une espèce de «boule» au niveau de son cœur. Il croyait que ce malaise était relié à sa relation de couple et il voulait y mettre fin. En discutant avec lui, il a réalisé plutôt qu'il était en amour et que ses émotions étaient si intenses qu'elles se manifestaient par cette forte sensation physique. Après avoir compris ce qu'il vivait réellement, il est reparti en me disant qu'il avait hâte de revoir sa femme.

Cette aptitude à s'exprimer aisément se développe aussi par la pratique. C'est simple: si tu souhaites parler plus, parle, habitue-toi à prendre la parole aussi souvent que tu le peux. J'ai moi-même été très timide déjà, j'étais incapable d'exprimer mes émotions, incapable de m'affirmer, alors qu'aujourd'hui on me reproche parfois d'être trop direct. Tout s'apprend!

D'autre part, il est bon d'écouter les sentiments des autres tout en se montrant empathique, c'est-à-dire de se mettre dans les souliers de l'autre pour mieux le comprendre. Une bonne écoute permet de saisir le point de vue de l'autre et d'assurer une relation saine.

Les gens bien dans leur peau respectent les autres. Les mots qu'ils choisissent ne sont ni blessants, ni dévalorisants. De fait, les gens heureux ne cherchent pas à rendre les autres malheureux et ni à se venger ou à se défouler sur eux. Ce sont habituellement ceux qui souffrent intérieurement qui agissent ainsi.

L'amour s'enseigne d'ailleurs: depuis que je me suis pris en main, à l'âge de 27 ans, certains membres de ma famille vivent eux aussi plus de communication et d'amour dans leur vie. Cela s'explique par le fait qu'à chaque fois que je les visitais, je les étreignais, tout en leur parlant des «vraies» choses et surtout d'amour. Et mon amour a été contagieux car il se reflète maintenant dans ma famille.

Ose partager ton amour toi aussi et faire une différence dans la vie de ceux qui t'entourent.

8. ILS AXENT LEURS PENSÉES SUR LA SOLUTION ET NON SUR LE PROBLÈME

Il est certain que les gens heureux adoptent un comportement positif face aux épreuves qu'ils ont à surmonter. Subissent-ils moins d'épreuves que les autres? Sûrement pas, mais c'est définitivement leur attitude positive et leur optimisme face aux problèmes qui les aident à les régler mieux et plus vite.

Lorsqu'un problème se pose, ils veulent le régler rapidement et ils sont prêts à en discuter en fonction des solutions possibles pour ne pas «moisir» dans la situation, comme on dit. D'ailleurs, penser et parler d'un problème trop souvent entretient le mal émotif et empêche d'évoluer. Par exemple, répéter sans cesse «ma femme m'a laissé» ou «j'ai perdu mon emploi» ne t'aidera sûrement pas à trouver des solutions pour résoudre la situation, au contraire, de cette façon, tu peux rester davantage paralysé par la douleur intérieure.

9. ILS ONT CONTINUELLEMENT DES BUTS À RÉALISER

Les gens heureux savent rêver tout en demeurant réalistes parce qu'ils ne croient pas au succès instantané. Ils savent passer à l'action et investir les efforts nécessaires pour atteindre leurs objectifs. Pour toi, la même règle s'applique: Tu auras beau avoir les meilleures intentions du monde, mais rien ne se produira si tu ne passes pas à l'action. La vie est remplie de grands parleurs et de petits faiseurs.

Après avoir atteint un but, les gens heureux cherchent à en atteindre un autre. Voilà d'ailleurs une preuve de santé mentale que de viser des buts de façon continuelle tout en sachant apprécier les étapes atteintes.

10. ILS SOUHAITENT ÊTRE ENCORE PLUS HEUREUX

De fait, le bonheur n'a pas de limites. Les gens heureux peuvent devenir encore plus heureux et tout peut être amélioré, surtout si on adopte la mentalité de vouloir prévenir au lieu de guérir. Les Orientaux ont une avance sur nous en ce sens: par exemple, ils prennent des tisanes par prévention pour ne pas être malades, tandis que nous, les Occidentaux, on avale des pilules pour guérir, une fois devenus malades.

Question de prévenir l'angoisse ou la dépression, je te suggère de penser positivement et d'apprendre à gérer tes émotions, cela va grandement t'aider à garder ton équilibre.

11. ILS AIMENT DONNER ET FAIRE PLAISIR AUX AUTRES

Pourquoi ne pas chercher à faire plaisir à une personne différente à chaque jour de ta vie? Les gens heureux ont compris que de faire plaisir aux autres procure un bien-être intérieur incroyable et porte à demeurer une bonne personne remplie d'amour. Il est important de donner un peu de tout: que ce soit de ton temps, de ton écoute, de ton amour, eh oui, même de ton argent aux moins fortunés.

Lors d'une conférence, j'ai demandé aux participants de me parler de leurs rêves les plus chers. Spontanément, un homme, assis à l'arrière de la salle, s'est exclamé: «VOIR LA MER!»

Il nous a ensuite expliqué qu'il avait passé sa vie à travailler dans une usine et autour de sa maison. Il n'avait jamais pris le temps de voyager et disait ne pas vouloir mourir avant d'avoir vu la mer.

Ses paroles et son désir m'ont tellement touché que je l'ai amené avec moi en voyage quelques semaines après cette conférence. Quand nous sommes arrivés à la mer, je l'ai vu tout radieux s'approcher de l'océan, et cela a été pour moi le plus beau des cadeaux. Il était comme

JACQUES BOUGIE

un petit garçon émerveillé devant quelque chose de si beau et de si grand. Jamais je n'oublierai son visage ni ses yeux. Le 24 décembre 2000, Jacques Bougie est décédé à l'âge de 64 ans, après avoir réalisé son rêve.

12. ILS ONT UNE CONFIANCE INÉBRANLABLE EN LEUR POTENTIEL

La plupart du temps, le fait de passer à l'action apporte plus de confiance. Ceux qui savent s'évaluer de façon réaliste, en tenant compte de leurs forces et de leurs limites, peuvent réaliser de grandes choses, car en sachant miser vraiment sur leur potentiel, ils ne risquent pas d'échouer parce qu'ils se seraient surestimés.

Croire en son potentiel, c'est une question d'attitude et de confiance en soi. En voici un bel exemple. Je raconte souvent l'histoire d'un homme dont le bateau a coulé en haute mer et qui échoue sur une île déserte. Il invente un moyen créatif pour pouvoir pêcher; mais à chaque fois qu'il pêche un gros poisson, il le rejette à la mer jusqu'au moment où il en pêche un tout petit qu'il garde pour son repas.

Pendant des jours, il refait le même scénario. Il était sur le point de mourir de faim quand des pêcheurs l'ont enfin retrouvé. On l'a questionné pour chercher à comprendre pourquoi il rejetait automatiquement les gros poissons à la mer. Alors, il a répondu: «J'avais seulement un petit poêlon».

La morale de cette histoire? Les gens ne croient tout simplement pas en leur potentiel; beaucoup ne se respectent pas parce qu'ils ne reconnaissent pas leur potentiel. On voit cela souvent au niveau professionnel: plusieurs personnes ont un emploi qui ne rend pas justice à leurs talents, mais ils le conservent en croyant être «nés pour un petit pain».

Cela s'avère aussi vrai dans ta vie, pour ta propre situation et même en amour. Pourquoi ne pas chercher un meilleur emploi pendant que tu en as déjà un? C'est le meilleur moment. Pourquoi restes-tu avec un partenaire qui ne te respecte pas et qui n'est pas digne de ton amour? Ton poêlon est-il trop petit pour le bonheur?

Peu importe que ce soit le découragement ou l'inspiration qui t'habite: prends-toi en main, augmente ta confiance en tes capacités, crois en toi! N'oublie jamais qu'on a tous du potentiel, et toi aussi comme les autres. Prends-en conscience.

DOIT-ON ÊTRE PARFAIT POUR ÊTRE HEUREUX?

Certains me disent parfois qu'il faut être parfait pour être doté de toutes ces caractéristiques et que si le bonheur ne vient qu'après les avoir toutes acquises, cela risque d'être long avant d'être heureux. Penser ainsi, c'est bien mal connaître la définition ou l'essence du bonheur.

Dans le cadre de mes conférences, si je suis en mesure d'aider les gens, ce n'est sûrement pas à cause d'un passé sans tache, mais plutôt parce que j'ai vécu un passé difficile et douloureux.

Personne n'est parfait. Tu connais certainement ce dicton: «*On apprend de nos erreurs.*» Alors moi, je veux apprendre de mes erreurs et c'est pourquoi je les accepte. On peut même aller plus loin et apprendre des erreurs des autres; c'est même là un signe de sagesse.

Une erreur nous donne une expérience de vie. Plus tu as d'expériences, plus tu passes à l'action, et plus tu cours le risque de commettre d'autres erreurs. C'est une roue de la vie qui ne cesse de tourner mais qui permet d'apprendre, d'avancer et de grandir.

LE BONHEUR

auteur inconnu

Si tu ne trouves pas le bonheur,
C'est peut-être que tu le cherches ailleurs.
Ailleurs que dans tes souliers.
Ailleurs que dans ton foyer.

Selon toi, les autres sont plus heureux.
Mais toi, tu ne vis pas chez eux.
Tu oublies que chacun a ses tracas.
Tu n'aimerais sûrement pas mieux leur cas.

Comment peux-tu aimer la vie
Si ton cœur est plein d'envie,
Si tu ne t'aimes pas,
Si tu ne t'acceptes pas?

Le plus grand obstacle au bonheur, sans doute,
C'est de rêver d'un bonheur trop grand.
Sachons cueillir le bonheur au compte-gouttes;
Ce sont les plus petites gouttes qui font les océans.

Ne cherchons pas le bonheur dans nos souvenirs,
Ne le cherchons pas non plus dans l'avenir.
Cherchons le bonheur dans le présent,
C'est là et là seulement qu'il nous attend.

Le bonheur, ce n'est pas un objet
Que l'on peut trouver quelque part hors de nous.
Le bonheur n'est qu'un projet
Qui part de nous et se réalise en nous.

Il n'existe pas de marchand de bonheur.
Il n'existe pas de machine à bonheur.
Il n'existe que des gens qui croient au bonheur.
Ce sont des gens qui font eux-mêmes leur bonheur.

Si dans ton miroir ta figure te déplaît,
À quoi ça sert de briser le miroir?
Ce n'est pas lui qu'il faut casser,
C'est toi qu'il faut changer!

Le bonheur

À 27 ans, le jour où j'ai pensé me suicider et en finir avec la vie, étrangement, ce jour-là, j'ai opté pour le bonheur. Je m'explique. Mon découragement total était lié à une profonde peine d'amour et à la honte d'en être rendu là. Policier de métier, fusil à la main, assis dans mon autopatrouille, j'ai éclaté en sanglots. À vrai dire, c'était la première fois depuis très longtemps que je me permettais de pleurer.

Je crois que deux éléments principaux peuvent changer notre vision sur la vie: le découragement ou l'inspiration. C'est souvent au moment où l'on croit que tout est fini ou perdu que se présente une possibilité de recommencer autrement, un nouveau début, et alors cette expérience devient un tremplin vers le meilleur. Ne dit-on pas d'ailleurs que le déséquilibre ramène l'équilibre? Quand une porte se ferme, une autre s'ouvre, offrant une nouvelle occasion de grandir.

Dans mon cas, mon découragement m'a réellement inspiré à vivre. Cela a complètement transformé mon existence! Et depuis ce jour, j'ai toujours avancé avec une soif de vivre inébranlable. Cette prise de conscience dans ma vie a fait de moi une personne différente parce que je comprenais mieux la vie et la souffrance des gens.

J'ai compris que si j'avais le pouvoir de me rendre malheureux simplement avec mes pensées négatives, alors j'avais aussi le pouvoir de me rendre heureux avec des pensées positives et motivantes.

J'ai compris aussi ma dépendance affective et d'où venaient mes blessures. J'ai accepté mon passé tel qu'il était et j'ai appris à m'aimer. Mon passé m'a permis d'être qui je suis aujourd'hui: une personne équilibrée, empathique et remplie d'amour. Je peux voir le bonheur dans les yeux des malheureux, même si eux ne le voient pas encore.

Avec le temps, j'ai pardonné aux gens qui m'ont blessé et je me suis pardonné à moi-même mes erreurs ou le mal que j'ai pu faire à d'autres. Quelle libération! Aujourd'hui, je nage avec le courant de la vie, peu important les épreuves qui se présentent. La vie n'est pas toujours facile, mais je sais maintenant qu'il est tout de même possible de travailler à être plus équilibré et bien dans sa peau.

J'ai ensuite appris à apprivoiser le bonheur qui, comme je te disais tout à l'heure, vient souvent après un grand déséquilibre; ainsi la souffrance n'est pas inutile. La vie est pourtant simple, ce sont les êtres humains qui sont compliqués ou plutôt qui compliquent les choses inutilement. J'ai observé les enfants et j'ai beaucoup appris d'eux; fais comme moi, jette-leur un coup d'œil de temps à autre. Les enfants ne jouent pas à avoir du plaisir: ils ont du plaisir. Ils sont vrais, authentiques et simples.

CE QUE N'EST PAS LE BONHEUR

Comment retrouver ce bonheur? La première étape est de réapprendre à être heureux avec ce que tu as, tout comme les enfants. As-tu déjà entendu un très jeune enfant dire: «Je serai heureux quand je prendrai ma retraite ou lorsque j'aurai ma nouvelle auto ou quand j'aurai changé d'emploi»?

Or, de telles pensées voudraient démontrer que le bonheur est lié aux objets que nous possédons et que le malheur, c'est d'en être dépossédés. Mais quand quelqu'un a mal en dedans, peu importe sa condition financière, il souffre tout autant qu'il soit riche ou pauvre.

Certains voient le bonheur dans le pouvoir. Ils vivent dans l'illusion que de mener le monde à leur guise leur garantit le bien-être. Pourtant, tu dois assurément connaître des propriétaires d'entreprises, des politiciens, des gens provenant de tous les milieux dont la vie est vide de sens.

D'autres, par contre, regardent plutôt vers le passé pour évaluer leur bonheur. Ils sont prisonniers des expériences douloureuses qu'ils ont vécues, accusant ce passé honteux, et ils se plaignent de ne pas jouir du bonheur présent.

UNE LÉGENDE

Une vieille légende hindoue raconte ceci: «Il y a déjà eu un temps où tous les hommes étaient des dieux, mais comme ils abusaient de leur divinité, Brahma, le maître des dieux, a décidé de leur enlever le pouvoir divin et de le cacher là où il leur serait impossible de le retrouver. Le problème était donc de lui trouver une cachette. Brahma a bien pensé enterrer la divinité de l'homme dans la terre, mais en y réfléchissant bien, il savait que l'homme n'aurait qu'à creuser et qu'il la trouverait.

Alors, il a décidé de jeter la divinité au plus profond des océans mais, il lui est venu aussitôt à l'esprit que, tôt ou tard, l'homme explorerait les profondeurs des océans, découvrirait la divinité et la remonterait à la surface. Il était bien embêté car il ne savait vraiment pas à quel endroit cacher la divinité. Selon lui, il ne semblait pas exister de lieux sur terre que l'homme ne puisse atteindre un jour.

C'est ainsi que, après quelque temps de réflexion, il a trouvé! «Je cacherai la divinité de l'homme au plus profond de lui-même, car c'est le seul endroit où il ne pensera jamais à la chercher».

Cette légende parle de divinité mais cela pourrait tout aussi bien être du bonheur, car lui aussi, il est à l'intérieur de toi! Le bonheur ne se trouve pas dans une nouvelle relation ou à travers l'acquisition d'un bien matériel quelconque, il est simplement ancré profondément en chacun de nous.

Pour retrouver ton équilibre, il est nécessaire de comprendre la racine de ta souffrance et de te connaître. Pour cela, il faudra probablement retourner *temporairement* en arrière et apprendre ce que tu ne sais pas de toi, de ton histoire personnelle. De fait, c'est prendre le temps de revenir sur ton passé pour ensuite pouvoir aller où tu veux et avancer sans entraves.

EXERCICE: LE CÔTÉ POSITIF DES ÉPREUVES

Je te suggère un exercice très simple qui va te permettre de saisir qu'il y a toujours du bon à travers les épreuves: la vie nous enseigne de belles leçons par ces expériences. Parfois, les épreuves d'aujourd'hui sont des cadeaux déguisés pour demain.

Prends conscience que tes souffrances peuvent *toujours* t'offrir un enseignement durable.

1) Fais une liste de toutes les épreuves de ta vie.

2) Lâche prise sur les éléments négatifs qui refont encore surface; ne t'y attarde pas.

3) Écris trois points positifs pour chaque épreuve: que ce soit une leçon que tu as apprise, une nouvelle attitude que tu as adoptée, une nouvelle façon de voir la vie, etc.

Dans mon cas, le fait d'avoir vécu avec un père alcoolique m'a fait prendre conscience que l'alcool peut détruire une famille. Suite à cela, j'ai pris la ferme résolution de ne jamais élever d'enfants dans de telles conditions, si un jour j'ai la chance d'être père. Grâce à cette expérience de vie, je suis aussi en mesure de comprendre et d'aider de nombreux alcooliques et leur famille.

PÈRE MANQUANT, FILS MANQUÉ

chanson inspirée par mes souffrances

Père manquant, fils manqué,
S'évader de sa vie, mon père est parti
Aux pays des «soûlons», au pays des menteries
Y'a sûrement sa raison, y'a sûrement sa chanson.

Promesse d'ivrogne, nuit à t'attendre, promesse de
«bum»
Je te pardonne
Père manquant, fils manqué, j'ai besoin de me retrouver
Père manquant, fils manqué, j'ai besoin d'être écouté.

S'évader de sa vie, quarante ans sans lui
J'ai tiré des leçons – j'ai tiré des envies
Inquiétude de vie – pas su lâcher prise.

Promesse d'ivrogne, promesse de noces, promesse de
«bum»,
Je me pardonne

Si c'est la vie qui te fait peur,
Si c'est la vie qui t'ennuie
Si c'est la vie qui te fait peur
Père manquant fils manqué, j'ai besoin de me retrouver.

Dix ans à me chercher, j'ai appris à m'aimer
J'avance tout tranquillement, je regarde tout droit de-
vant
Hanté par l'abandon, j'ai jamais su lâcher
Promesse d'amour, promesse de vie, promesse d'auto-
nomie.

Père manquant, fils manqué, pas besoin d'être échoué.

UN «MOMENTUM» POSITIF À CRÉER

Le bonheur se forge par la pratique: c'est l'action qui bâtit la confiance. Tu verras: Une première petite victoire va te donner le goût de recommencer, d'aller un peu plus loin.

Par exemple, si tu vis avec une conjointe ou un conjoint jaloux, alors tu devras faire un premier pas d'affirmation pour prendre ta place et te faire respecter. Oui, c'est sûr, c'est difficile la première fois, mais avec la pratique cela devient de plus en plus facile, jusqu'au jour où l'affirmation fait partie de ton quotidien et devient un automatisme dans ton mode de vie.

Être heureux ressemble à une mise en forme physique: c'est plus facile de le demeurer que de le devenir. Vouloir être heureux ne suffit pas pour l'être: il faut créer un «momentum» positif chaque jour et profiter des circonstances favorables. Si on compare cela à un athlète olympique, il lui faut investir beaucoup d'efforts et d'années de sa vie pour développer son corps et être capable de fournir des performances de champion.

Cependant, lorsqu'il a atteint un certain niveau, le maintien de sa forme exige beaucoup moins d'énergie et d'investissement de temps. Un soutien extérieur (des lectures, des conférences, etc.) contribuera à entretenir des pensées logiques, intelligentes et automatiques pour préserver ton bonheur et ton équilibre dans ton quotidien.

Félix Leclerc, le poète, disait: *«Le bonheur c'est comme du sucre à la crème, quand on en veut, on s'en fait»*. Il faut cultiver ton bonheur peu importe ta souffrance. Pour y arriver, tu dois apprendre à vivre le moment présent. Tu es l'architecte de ton avenir, mais ce projet prend forme et s'amorce au moment où ta pensée commence à se préciser donc, au présent. Aujourd'hui, tu prépares ton avenir. Aujourd'hui, c'est le premier jour du reste de ta vie. Tout le monde a droit au bonheur: toi aussi. Ton bonheur est entre tes mains, tu peux décider d'être heureux: c'est ton choix!

Les leçons qui vont suivre pourront sans aucun doute servir à retrouver cet équilibre intérieur que tu recherches.

L'ENFANT INTÉRIEUR

Réveille-toi, petit enfant
qui s'est endormi dans le temps.
Redeviens léger
pour me faire rêver.
Danse, cours, souris,
aime et revis.

Réveille-toi, petit enfant,
laisse sortir tes talents,
redécouvre l'amour
pour que toujours
renaisse chaque nuit
un rêve de bonheur.

Réveille-toi
pour ton amour
et pour des jours meilleurs,
laisse aller ton cœur,
mon petit enfant intérieur.

Si je t'ai oublié pendant toutes ces années,
c'est que je me suis oublié moi-même.
Mais aujourd'hui, je suis fier
de dire: «Une chance que je t'ai, mon petit enfant
intérieur.»

Première leçon

La dépendance affective

CE QU'EST L'AMOUR

Aimer, c'est la volonté de se dépasser dans le but de nourrir sa propre évolution ou celle d'un autre. On ne donne jamais son amour dans l'attente d'un retour, mais pour exprimer et répandre ce que l'on ressent. L'amour est vrai, simple et éternel. J'ai pu observer une preuve d'amour inconditionnel quand un père a sauté à l'eau pour sauver ses deux enfants de la noyade alors que lui-même y a perdu la vie. J'étais très jeune à l'époque, mais je n'ai jamais oublié cette leçon de vie marquante.

L'amour est si fort qu'il peut rendre quelqu'un méconnaissable. Par exemple, lors d'un atelier, un motard a fondu en larmes lorsqu'une jeune fille de 13 ans lui a tressé les cheveux en un geste d'amour inconditionnel.

«L'amour ne jalouse pas, ne possède pas.» C'est accepter l'autre tel qu'il est, avec son passé, ses défauts. Aimer l'autre, c'est aussi être capable de se passer de sa présence sans souffrir de son absence. L'amour vrai se ressent bien au-delà de la mort.

« *L'amour est comme un papillon; plus tu le pourchasses, plus il cherche à s'éloigner de toi. Cesse de le poursuivre, occupe-toi à autre chose, et il viendra gentiment se poser sur ton épaule.* »

LES RELATIONS AMOUREUSES

Tant de gens se cherchent en adoptant la fausse croyance qu'ils peuvent être heureux SEULEMENT s'ils vivent une relation amoureuse avec quelqu'un. Je tiens donc à parler ici du bonheur lié à l'amour.

Quelle catastrophe de penser qu'on doit absolument avoir un conjoint pour être heureux! Cette perception ne peut mener qu'à des déceptions et à un malheur plus profond encore. Aimer quelqu'un ne devrait pas s'avérer un besoin mais un choix. Deux personnes s'aiment vraiment quand elles sont capables de vivre l'une sans l'autre, mais qu'elles décident de vivre ensemble par amour.

D'ailleurs, le succès d'un couple n'a rien à voir avec le nombre d'années de leur union, mais il est plutôt relié à la qualité de leur relation. Si tu es en couple et que la relation ne te plaît pas, au lieu de «travailler sur le couple», comme beaucoup sont portés à dire et à faire, travaille sur toi-même. Il y a fort à parier que ton couple va s'améliorer ou du moins de nouvelles solutions vont se présenter.

« *Plusieurs célibataires désirent être amoureux alors que plusieurs amoureux désirent être célibataires.* »

OUI, L'AMOUR EST IMPORTANT!

Aimer et être aimé sont deux besoins fondamentaux dans la vie. Je te l'accorde. Aimer est la plus belle chose au monde et la plus importante aussi. Quelqu'un a déjà dit: «On peut dire qu'on a vécu seulement si on a aimé».

Un jour, j'ai croisé un clochard qui, avec l'argent qu'il mendiait, préférait d'abord bien nourrir son chien même s'il ne lui en restait pas pour lui-même; il était pourtant affamé. Il m'a fait comprendre pourquoi il accordait de tels soins à son chien: «Quand on a tout perdu, disait-il, l'amour demeure très important, même provenant d'un chien». Combien de personnes âgées possèdent un animal pour compenser leur manque d'amour et apaiser leur solitude? C'est de la zoothérapie.

L'amour, oui, mais à quel prix? Si tu as eu la chance de vivre dans une famille fonctionnelle, tu as adopté la croyance que tu peux aimer et être aimé. Mais si comme moi, tu n'as pas eu cette chance, il vaut mieux que tu fasses ton ménage intérieur avant de vivre une relation, sinon tu pourrais souffrir et, par le fait même, en faire souffrir d'autres. D'ailleurs, la majorité des problèmes sociaux que l'on connaît actuellement sont liés à des déséquilibres d'amour.

AVANT DE RENCONTRER
LA PERSONNE IDÉALE

Tu éviteras bien des malheurs à beaucoup de gens si tu comprends que tu dois être bien dans ta peau avant de rencontrer quelqu'un dans le but de bâtir une relation stable. Sinon, tu pourrais faire un transfert de toutes tes peurs et de tes souffrances du passé sur cette personne.

Entre deux relations, de grâce, donne-toi du temps. Prends une période de remise en question et de recul avant de renouer des liens, je dirais *un minimum* de trois mois. Ne fais pas l'erreur de t'engager dans une autre relation avant d'avoir fait le deuil de la relation précédente.

L'inverse est aussi vrai: ne t'engage pas dans une relation avec quelqu'un qui vient d'en terminer une. Ne deviens pas un substitut d'amour car tu vaux bien plus que cela.

APPRIVOISE TA SOLITUDE

Si tu éprouves une certaine peur de rester seul, voilà la preuve que tu dois apprivoiser ta solitude. Habituellement, les dépendants affectifs ne peuvent rester seuls très longtemps. Si c'est ton cas, accepte de te familiariser avec ta solitude et d'apprendre à vivre avec cette peur d'être seul pour quelque temps. Je t'assure qu'il n'y a pas d'autres solutions.

Si tu as le goût de sortir de chez toi seulement parce que tu ne peux rester seul avec toi-même, voilà l'occasion idéale de rester chez toi pour parvenir à te libérer de ton angoisse de la solitude. Quand on a peur de sa solitude, il s'agit de demeurer là et de l'affronter. Si tu as peur des hauteurs et que tu as le vertige, débarrasse-toi de ta crainte en affrontant les hauteurs. Lorsqu'on a peur d'aimer, on affronte sa peur en se permettant d'aimer à nouveau. Parfois, il faut souffrir pour grandir. La croissance et le dépassement passent souvent par la souffrance... mais quelle satisfaction ensuite!

En parlant de solitude, j'ai connu ce type de désintoxication émotionnelle, moi qui cherchais justement l'amour dans les bars. J'ai d'abord été capable de demeurer un soir à la maison, puis deux et même trois, jusqu'à ne pas sortir dans les bars pendant deux ans pour désapprendre cette soif maladive des autres.

Aujourd'hui j'apprécie grandement cette capacité d'être seul. Quand tu es capable de te retrouver seul vis-à-vis toi-même, à ce moment-là tu peux commencer une relation amoureuse sans crainte de l'abandon. D'ailleurs, même à l'intérieur d'une relation, il est bon d'apprivoiser ta solitude. Par exemple, va au restaurant, ou voir un spectacle, ou même fais un voyage tout seul.

Lorsque tu es en relation, tu apprends à découvrir tes forces et tes besoins. Lorsque tu es seul, c'est la même chose, tu bâtis alors ta relation avec toi-même. Je te souhaite de vivre cela au moins une fois dans ta vie; si l'occasion se présente: profites-en!

RELATIONS TOXIQUES

Veux-tu réellement vivre avec quelqu'un qui ne veut pas être avec toi? ou l'inverse? As-tu peur d'être seul et que personne ne veuille de toi? ou encore, si tu n'aimes plus cette personne, es-tu trop lâche pour partir?

Voici quelques signes d'une relation toxique:

→ quelqu'un veut être constamment avec toi: 24 heures sur 24;

→ on contrôle tes allées et venues, à qui tu parles ou ta façon de t'habiller;

→ on t'empêche d'avoir des amis;

→ on t'interdit de travailler;

→ on s'objecte à ce que tu t'amuses, de crainte de te perdre;

→   on enquête sur ton passé en cherchant à savoir avec
    qui tu as eu des relations sexuelles;

→   ton conjoint t'intimide par la peur, par des menaces
    verbales directes ou indirectes, ou par ses regards.
    Par exemple: «Si tu me laisses, je vais te blesser, me
    suicider ou tu ne verras plus les enfants».

→   on te culpabilise pour tous les problèmes concernant
    votre couple;

→   un premier signe de violence dans un couple, c'est la
    jalousie. Si elle n'est pas contrôlée, elle peut se déve-
    lopper en une haine passionnelle qui peut parfois
    mener très loin, trop loin. Le sujet de la jalousie sera
    approfondi un peu plus tard.

L'AMOUR A SES LIMITES

Tu peux être en amour avec quelqu'un mais malheureux dans la relation qui se vit. Les valeurs essentielles de l'un et l'autre doivent être en accord, sinon la
relation peut être pénible même si tu es amoureux.

Il doit aussi y avoir une certaine compatibilité dans
un couple. Tu peux aimer quelqu'un sans nécessairement apprécier certains comportements par exemple, au
niveau de la politesse, du respect, de l'ordre ou de l'usage
de la cigarette ou de l'alcool. Si ses agissements t'agacent
alors, tu pourrais décider de ne pas poursuivre la relation
malgré tes sentiments amoureux. Permets-toi de respecter tes valeurs.

Lors de conférences, je pose souvent deux questions
aux participants: 1) qui est marié ou vit en couple? 2) qui
est amoureux? Étonnamment, ce sont souvent des personnes différentes qui lèvent la main à ces deux questions.

Ce qui signifie clairement que tu peux être marié ou en couple sans être amoureux.

En fait, je vois une relation amoureuse comme une plante dans un pot qui doit être nourrie et soignée. Est-ce que tu manques de soleil dans ta relation?

EN AMOUR AUSSI TU AS LE CHOIX

Si tu es une personne seule et que je t'offre de te présenter le partenaire suivant: «Il n'a pas de respect pour personne, il a la tête dure et s'emporte facilement». Seras-tu intéressée à rencontrer cette personne? Est-ce que ta peur de rester seule te ferait accepter n'importe quel genre de candidat?

Réfléchis bien, il existe de nombreuses personnes qui ressemblent à ce profil. Tu acceptes peut-être actuellement de vivre ce genre de situation simplement par peur de te retrouver seule. Je te propose un petit test qui pourrait indiquer si tu as un «bon» partenaire pour une relation équilibrée et nourrissante, ou l'inverse, si tu vis une relation toxique avec ton partenaire.

TEST DE VÉRIFICATION: AS-TU UN BON CONJOINT AMOUREUX?

Spontanément, avant même de faire ce test, tu es peut-être tenté de répondre par l'affirmative en te disant que tu as un bon conjoint. Mais tu réponds peut-être ainsi parce que tu ne connais pas nécessairement mieux.

Cela me rappelle l'histoire du propriétaire d'un chien qui le gardait toujours attaché à une corde de deux mètres. Un jour, il l'amène à la campagne et le laisse courir à sa guise partout dans les champs. On comprend bien que le chien ne voulait plus être rattaché à sa petite corde. Le même principe s'applique à l'être humain; parfois, il évolue quand on lui apprend comment mieux aimer. Je suis convaincu que tu peux être un meilleur amoureux en t'engageant à t'investir un peu plus dans ta relation.

Réponds à ces questions par **OUI** ou **NON**. Ensuite, fais la compilation selon les indications qui suivent.

EST-CE QUE TA CONJOINTE OU TON CONJOINT ACTUEL:

	OUI	NON
✍ PREND PLAISIR À TE FAIRE PLAISIR?	❑	❑
✍ TE FAIT SENTIR QU'IL EST FIER D'ÊTRE AVEC TOI?	❑	❑
✍ AGIT COMME SI TU ÉTAIS SON MEILLEUR AMI?	❑	❑
✍ QUAND IL TE DIT «JE T'AIME», SENS-TU QUE C'EST SINCÈRE?	❑	❑
✍ AIME TE FAIRE DE «BELLES» SURPRISES?	❑	❑
✍ SERAIT PRÊT À FAIRE DES SACRIFICES POUR TOI?	❑	❑
✍ S'INTÉRESSE À TA JOURNÉE?	❑	❑
✍ SEMBLE EXCITÉ ET CONTENT DE TE VOIR?	❑	❑
✍ APPRÉCIE CE QUE TU FAIS?	❑	❑
✍ PRENDRAIT SOIN DE TOI SI TU ÉTAIS MALADE?	❑	❑
✍ PARLE DE SENTIMENTS D'AMOUR OUVERTEMENT?	❑	❑
✍ EST UN BON COMMUNICATEUR?	❑	❑
✍ QUAND IL TE REGARDE, PEUX-TU VOIR L'ÉNERGIE D'AMOUR DANS SES YEUX?	❑	❑
✍ EST OPTIMISTE?	❑	❑
✍ A UN BON SENS DE L'HUMOUR?	❑	❑
✍ EST SIMPLE ET NE DRAMATISE PAS?	❑	❑
✍ SELON TOI, TE TROUVE ATTIRANT PHYSIQUEMENT?	❑	❑

✍ SELON TOI, TE TROUVE ATTIRANT
INTÉRIEUREMENT? ❑ ❑
✍ VEUT ÊTRE ENGAGÉ AVEC TOI DANS UNE
RELATION? ❑ ❑
✍ A UNE BELLE PERSONNALITÉ? ❑ ❑

TOTAL des OUI _____

COMPILATION DU TEST

ADDITIONNE COMBIEN DE OUI tu as obtenu, ensuite DIVISE
PAR 2 ET MULTIPLIE PAR 10 pour obtenir un pourcentage (%)

Exemple: 12 oui, 12 ÷ 2 = 6 X 10 = 60 %

TOTAL: _____ ÷ 2 = _____ X 10 = _____ %

COMMENTAIRES

Le pourcentage obtenu détermine à quel niveau de bien-être ta relation se situe.

- 10-50 %...... ta relation laisse à désirer, mais il te reste de l'espoir, si tu te prends en main et t'engages à travailler ta relation et sur toi-même.

- 50-70 %...... tu vis sans doute une bonne relation, mais tu peux encore faire mieux pour l'améliorer.

- 70-100 %......tu jouis d'une très bonne relation: Continue!

Comme je le disais précédemment, l'amour a ses limites; on peut aimer quelqu'un mais ne pas apprécier le genre de relation que l'on vit ensemble. Alors, quand on réalise cela, le moment est venu de chercher à améliorer sa relation ou de se quitter.

Il est possible d'aimer quelqu'un et de ne pas être heureux dans cette relation. Personnellement, j'ai vécu quelques années avec une personne que j'aimais mais avec qui j'avais beaucoup trop de discussions orageuses. Nous n'étions pas sur la même longueur d'onde, particulièrement à cause de notre différence d'âge. Mon désir d'être heureux était plus important encore pour moi que mon désir de vivre avec quelqu'un, alors je l'ai quittée.

Parfois, l'endurance émotionnelle dans une relation démontre plus une faiblesse qu'une force. Combien de gens malheureux acceptent de vivre une relation misérable pendant tellement d'années seulement pour éviter d'être seuls?

LA SÉDUCTION

Le regard est certainement l'instrument de séduction le plus efficace chez l'être humain et peut provoquer à lui seul, le début d'une véritable histoire d'amour.

En effet, la communication amoureuse ou même sexuelle peut se transmettre en quelques secondes par un simple regard. Parfois, elle déclenche chez l'être humain une illusion d'amour qui n'est au fond qu'un simple désir sexuel. C'est ce qu'on appelle le plus souvent un «coup de foudre». On doit comprendre qu'on ne peut pas aimer une personne qu'on ne connaît pas.

Pour mieux saisir ce qu'est la séduction, voici certains de ses ingrédients:

→ une conversation plaisante;
→ un bon sens de l'humour;
→ une bonne écoute;
→ le romantisme;
→ attirer l'attention par notre apparence physique;
→ le contact physique.

Contrairement à ce que l'on pourrait croire, c'est généralement la femme qui effectue le premier contact physique. Ce premier contact se manifeste par un léger toucher à l'épaule, au bras ou à la main; il apparaît très spontané, mais il est la plupart du temps tout à fait délibéré. Ce premier attouchement facilite le rapprochement.

L'AMOUR ET LA SEXUALITÉ

Au début d'une nouvelle relation, les gens tombent souvent en amour avec la passion sexuelle qu'ils éprouvent pour l'autre personne bien plus que pour la personne elle-même: ils s'enflamment. Puis, quand cette passion disparaît, ce couple a l'illusion qu'ils ne s'aiment plus, mais c'est parfois faux.

Ce qui peut diminuer le désir sexuel pour un couple c'est assurément la pression reliée à la performance et à la fréquence sexuelles; ou encore lorsque la sexualité devient une obligation ou un déclencheur de souvenirs négatifs rattachés à un abus sexuel du passé.

Ne vous servez pas de la sexualité comme d'une forme de manipulation ou même de punition à une problématique dans votre couple. Regardez la situation en face et discutez-en ouvertement.

La communication sexuelle entre l'homme et la femme est malheureusement souvent en contradiction. La femme souhaite «arriver» à sa sexualité par l'amour et le romantisme alors que l'homme souhaite «arriver» à l'amour et au romantisme par sa sexualité.

En général, l'homme est plus souvent infidèle par besoin physique alors que la femme l'est davantage par besoin émotionnel. Plusieurs femmes m'ont dit avoir été infidèles simplement parce qu'elles avaient rencontré une personne qui les écoutait et les appréciait davantage.

Un autre problème d'ordre sexuel peut se produire lorsque les deux partenaires sont des personne soumises sexuellement à l'autre, elles attendent toujours l'initiative l'un de l'autre. Ceci peut causer un froid et un sentiment de rejet dans le couple car même si les deux personnes se désirent, rien n'arrive.

Dans chaque couple, il y a habituellement une personne plus sexuelle et une autre plus romantique. On y trouve aussi normalement une personne plus dominante et une autre plus soumise; et souvent un des deux partenaires vit plus intensément son amour. L'important ici, c'est d'avoir un bon équilibre sans oublier que «*trop, c'est comme pas assez*».

PROFIL DES DÉPENDANTS AFFECTIFS

Voici quelques traits des gens qui sont dépendants affectifs, en ce sens qu'ils ont un besoin «maladif» des autres.

- Ils ont l'impression d'être «morts» à l'intérieur lorsqu'ils se retrouvent seuls.
- Ils tombent en amour très vite, et probablement très souvent.
- Ils vivent fréquemment des coups de foudre.
- Ils font des transferts de dépendance: lorsqu'ils sont seuls, ils peuvent consommer de l'alcool ou des drogues puis ils arrêtent lorsqu'ils sont amoureux. Mais sitôt qu'on les abandonne, ils recommencent la consommation de drogues ou d'alcool.

- Ils vivent la plupart du temps des relations toxiques impliquant de la jalousie et de la violence verbale.

- Ils ont de la difficulté à dire non car ils veulent qu'on les aime.

C'est important de comprendre la source de ce mal. La cause de cette dépendance provient d'un manque d'amour vécu dans ton enfance ou d'un manque d'amour de toi-même.

TEST SUR LA DÉPENDANCE AFFECTIVE

Voici un test en 25 questions qui te permettra de vérifier si tu fais partie de cette catégorie de gens. Réponds à chacune par oui ou non en cochant ta réponse.

	Oui	Non
1. As-tu déjà eu de la difficulté à quitter un amour?	❏	❏
2. Quand tu l'as quitté, cherches-tu quelqu'un d'autre tout de suite?	❏	❏
3. As-tu toujours besoin d'avoir quelqu'un dans ta vie pour te sentir aimé?	❏	❏
4. As-tu déjà été jaloux d'un partenaire?	❏	❏
5. As-tu déjà quitté un amoureux pour quelqu'un d'autre?	❏	❏
6. As-tu déjà triché ton amoureux?	❏	❏
7. As-tu déjà couché avec quelqu'un que tu n'aimais pas?	❏	❏
8. As-tu de la difficulté avec la solitude?	❏	❏
9. Est-ce que tu manipules et/ou contrôles?	❏	❏
10. Quand tu trouves un nouvel amoureux, oublies-tu tes amis?	❏	❏
11. As-tu déjà consommé plus ou moins de nourriture suite à une peine d'amour?	❏	❏
12. Te considères-tu comme quelqu'un qui devient vite amoureux?	❏	❏
13. As-tu déjà eu des pensées suicidaires suite à une peine d'amour?	❏	❏

14. T'es-tu déjà laissé contrôler par la jalousie d'un partenaire?   ❏   ❏

15. Es-tu déjà resté dans une relation par habitude et non par amour?   ❏   ❏

16. As-tu peur de l'attachement ou de l'abandon?   ❏   ❏

17. As-tu déjà ressenti un coup de foudre?   ❏   ❏

18. Face aux difficultés de la vie, as-tu tendance à fuir?   ❏   ❏

19. Éprouves-tu le besoin de te faire aimer par tous?   ❏   ❏

20. Te sens-tu souvent responsable des autres en t'oubliant?   ❏   ❏

21. Te sens-tu coupable lorsque tu prends ta place.?   ❏   ❏

22. Crains-tu le rejet?   ❏   ❏

23. As-tu perdu la capacité de ressentir ou d'exprimer tes émotions?   ❏   ❏

24. As-tu déjà dit «je t'aime» à quelqu'un juste pour l'entendre en retour?   ❏   ❏

25. As-tu peur d'aimer?   ❏   ❏

TOTAL des OUI _____

EXPLICATIONS DU TEST
SUR LA DÉPENDANCE AFFECTIVE

Une fois que tu as répondu à toutes ces questions, additionne le nombre de OUI et prends connaissance des résultats.

RÉSULTATS

Si tu as répondu à trois (3) oui et plus, tu es définitivement dépendant affectif.

Si tu réponds à cinq (5) oui et plus, tu es un dépendant affectif chronique.

Plus tu as de «oui» dans tes réponses, plus tu as manqué d'amour, probablement au moment de ton enfance.

Prends conscience qu'un dépendant affectif peut éprouver plusieurs craintes face à l'amour des autres: peur du rejet, de l'abandon, de l'attachement, car pour lui, l'amour est associé à une blessure ou à un vide intérieur.

Personnellement, j'avais développé un comportement de fuite suite à mes blessures amoureuses. Je recherchais une «femme avec qui j'étais compatible, une femme belle intérieurement et extérieurement, avec le sens de l'humour, une amie». Lorsque je la trouvais et que je ressentais de l'amour pour elle, je partais en courant, je fuyais toute possibilité d'entretenir cette belle relation. Pour moi, toute forme d'amour représentait une souffrance éventuelle.

Si tu crois être un dépendant affectif, apprends à faire grandir cet amour et à rétablir une relation saine dans ton couple. Il faut vraiment vivre et laisser vivre ton partenaire dans un climat de confiance.

Il y a de l'espoir pour les dépendants affectifs, il s'agit d'apprendre à s'aimer soi-même avant d'aimer autrui et de comprendre que l'amour est un choix et non un besoin.

LES COMPOSANTES
DU BONHEUR AMOUREUX

Il semble que ce qui détruit l'amour dans une relation c'est principalement la jalousie, le manque de respect, la routine, et aussi le fait de tenir l'autre pour acquis. Une relation sans espace pour chacun – où le couple passe trop de temps ensemble – peut être fort nuisible à la longue aussi.

Les couples heureux que je connais ont tous en commun une relation basée sur le *respect, la communication* et *l'amitié,* en ce sens que leur conjoint est leur meilleur ami. C'est certain que l'amour existe dans leur couple, mais pour eux l'amour n'est pas tout!

L'AMITIÉ DANS LA RELATION

Lors d'un divorce, un couple qui sait garder une place à l'amitié entre eux ne réglera pas ses problèmes par l'intermédiaire des enfants ou des menaces. Bien sûr, l'amitié n'empêche pas la souffrance, mais elle évite certainement la mesquinerie et les comportements bas et déshonorants. En tout amoureux sincère, il y a un ami qui sommeille.

En fait, sur le plan amoureux, un homme et une femme peuvent se quitter, avec élégance, discrétion et respect. Ce sont d'ailleurs toutes des qualités qu'on retrouve dans l'amitié. C'est lors d'une séparation qu'on voit si cette amitié qu'on disait avoir l'un pour l'autre est vraiment sincère – cette amitié qui s'avère souvent si superficielle dans les relations de dépendance affective.

C'est aussi grâce à l'amitié que la relation amoureuse peut grandir, évoluer et durer, car elle ne se réduit pas alors seulement à l'attrait sentimental ou sexuel, mais elle s'achemine petit à petit vers l'amour. C'est pourquoi je suggère souvent aux gens célibataires de regarder dans leur cercle d'amis, car l'amoureux compatible qu'ils recherchent en fait probablement déjà partie.

DES APHRODISIAQUES NATURELS

Voici quelques éléments qui pourront servir d'aphrodisiaques naturels et permettre d'entretenir une relation amoureuse plus excitante:

- d'abord, chaque partenaire doit savoir éliminer les émotions refoulées, particulièrement celles qui touchent à la culpabilité et à la rage;
- une bonne communication où chaque conjoint est en mesure d'exprimer ses besoins, ses attentes;
- le rire qui va contribuer à la relaxation.

Et afin de générer de l'énergie de qualité et en quantité :

- une saine alimentation;
- un minimum de 8 heures de sommeil;
- et de l'exercice physique.

JE DIRAI «NON»

À ceux qui veulent briser ma liberté.
À ceux qui veulent abuser de moi.
À ceux qui veulent me décourager.
À ceux qui veulent me culpabiliser.
À ceux qui veulent m'influencer négativement.
À ceux qui veulent décider à ma place.
À ceux qui veulent diriger ma vie.
À ceux qui veulent m'imposer leur sexualité.
À ceux qui veulent me manipuler.
À ceux qui veulent m'empêcher de réussir ce que j'aime entreprendre.

Quand j'aurai osé dire «NON» à tous ces gens qui ralentissent mon évolution, je dirai «OUI» à moi-même et à mes possibilités.

Je suis maître de ma vie!

Détecter la jalousie

La jalousie est l'envers de l'amour. Les jaloux ne font pas confiance à l'autre. Ils soupçonnent le moindre geste, le moindre retard. La jalousie prend aussi racine dans les carences affectives de ton enfance.

Chère jalousie,

Tu es une émotion qui prend le contrôle de mon cœur et de mes pensées pour étouffer les personnes que j'aime autour de moi.

Quand je sens ta présence, je veux manipuler, contrôler et posséder au lieu de laisser vivre. Je sais que tu prends ta force dans mon insécurité et mon manque de confiance, mais je te laisse quand même entrer dans mon cœur pour détruire ce que je cherche à préserver.

Parfois tu t'éloignes de moi pour quelque temps, mais tu sembles toujours revenir à chaque fois que mon cœur a le goût d'aimer.

Si je te laisse dominer ma vie, c'est que je suis encore faible devant ta présence et que j'ai besoin de toi pour blesser encore plus.

Mon Dieu, combien de relations et de personnes vais-je détruire avant de comprendre ? Donne-moi la force et la confiance de laisser libre l'amour autour de moi sans vouloir tout posséder, comme un affamé en manque d'amour.

La jalousie, c'est la pire maladie du cœur car elle détruit toujours l'amour au lieu de le construire. Ce malaise, parfois contagieux et sournois, s'attaque graduellement à ses victimes et s'avère malheureusement la cause de plusieurs meurtres, et ce, partout à travers le monde.

La jalousie est un déséquilibre intérieur qui blesse aussi fort la personne qui l'éprouve que la personne qui la subit. À la base de cette maladie, on retrouve toujours un manque de confiance et la peur de l'abandon. Une personne jalouse se trouve en réaction avec ses émotions et ses souffrances du passé qu'elle n'a pas comprises, ni acceptées. Sa peur d'être abandonnée est si grande qu'elle va parfois se créer des peurs imaginaires qui l'emprisonneront par son obsession.

On retrouve donc fréquemment à la racine de leurs problèmes soit des ruptures amoureuses, des déceptions liées à l'infidélité, des décès non acceptés, quand ce n'est pas la séparation ou le divorce de leurs parents alors qu'ils étaient jeunes.

Les jaloux sont en majorité des dépendants affectifs, ce qui amplifie davantage leur peur d'être abandonnés, car ils ont de la difficulté à apprivoiser leur solitude.

Parfois, les jaloux cachent leur malaise et gardent sous silence leurs émotions, car ils craignent de montrer leur vraie nature et justement de risquer d'être délaissés.

Il arrive aussi que certains jaloux vont clairement démontrer leur insécurité et leur immaturité émotionnelle en agissant comme de grands bébés. Une relation saine où l'on sait «vivre et laisser vivre» ne comprend pas de jalousie.

CARACTÉRISTIQUES DES JALOUX

Voici quelques caractéristiques des gens souffrant de jalousie, en les lisant tu peux vérifier s'ils te concernent ou non, et en faire une sorte de test d'évaluation.

- Ils dévalorisent leur partenaire et détruisent ainsi leur estime personnelle.

- Ils peuvent être adorables au début de la relation pour forcer l'attachement de l'autre à leur égard.

- Ils dévalorisent aussi les amis de leur conjoint.

- Ils utilisent souvent la peur et les menaces pour s'assurer que leur conjoint agisse selon leur volonté.

- Ils contrôlent la façon de s'habiller de leur conjoint.

- Ils sont portés à enquêter sur le passé sexuel de leur conjoint pour ensuite le dévaloriser davantage.

- Ils questionnent sur toutes les allées et venues pour s'assurer de la fidélité de leur partenaire.

- Ils refusent que leur conjoint fasse des sorties avec des amis sans eux, que ce soit au théâtre ou au restaurant par exemple.

- Ils vont parfois justifier leur jalousie comme étant une preuve d'amour.

- Ils peuvent devenir violents après une rupture amoureuse.

- Après une rupture, précisément, ils vont même jalouser le bonheur de leur conjoint et vont essayer de le rendre triste. Peu importe la méthode utilisée, ils peuvent même se servir des enfants pour manipuler l'autre.

- Voir leur ex-conjoint avec un nouvel amour peut les amener à une crise de rage violente de réaliser qu'ils n'arrivent plus à contrôler leur conjoint.

D'ailleurs, si le harcèlement et les menaces persistent, n'hésite pas à entrer en contact avec ton poste de police local afin de les aviser de la situation. Ils t'informeront des recours légaux possibles dans une telle situation.

LES RELATIONS LIÉES À LA JALOUSIE

Si tu vis actuellement une relation et que tu es jaloux, il est important pour toi de comprendre d'où vient ton insécurité intérieure pour pouvoir lâcher prise. Il est essentiel aussi que tu réalises à quel point ta jalousie étouffe justement cet amour que tu cherches à préserver à tout prix. Cette relation que tu crois être un amour véritable ressemble plutôt à la peur d'être abandonné.

Par contre, si tu vis une relation avec un conjoint jaloux, prends en considération que tu fais peut-être aussi partie de ce problème, car si tu acceptes cela, tu as vraiment de la difficulté à t'affirmer. L'endurance émotionnelle n'est pas positive dans une telle situation.

J'aimerais te faire remarquer qu'une personne jalouse est plus souvent attirée par des personnes ayant une faible estime d'elles-mêmes, car cela facilite son emprise émotionnelle et physique. Les personne dotées d'une saine estime d'elles-mêmes n'endurent pas la jalousie de leur conjoint très longtemps, car elles savent que l'insécurité intérieure de leur conjoint jaloux ne les concerne pas et que cela demeure son problème à lui.

Quand tu jalouses l'autre, tu es toujours perdant, et il est urgent que tu apprennes à t'aimer.

LE MANQUE D'AMOUR

À tous les enfants mal-aimés du monde entier que les blessures ont marqués, puissent-ils un jour connaître l'amour pour que leur cœur blessé puisse sourire enfin à la vie.

À tous les cœurs brisés qui de tendresse ont manqué, puissent-ils trouver sur leur chemin des êtres qui leur tendent la main.

À tous ces êtres seuls et isolés que la vie n'a pas épargnés, il ne faut pas désespérer car, tôt ou tard, ils sortiront de leur malaise pour devenir des êtres remplis d'amour.

Mais, pour y arriver, ils devront d'abord apprendre à s'aimer.

Et alors, avec leur passé de mal-aimés, ils devront se réconcilier et devenir des adultes bien-aimés.

Je veux guérir d'avoir manqué d'amour.

Troisième leçon

S'aimer soi-même

S'aimer soi-même peut sembler simple à comprendre, mais ce n'est cependant pas toujours aussi évident à mettre en pratique dans sa vie. T'aimer toi-même, c'est t'accepter tel que tu es. Cela signifie aussi d'accepter ton passé et même de l'apprécier. D'ailleurs, rappelle-toi toujours que le passé n'est pas garant de l'avenir. Ce n'est pas parce que ton passé a été douloureux que ton avenir le sera aussi nécessairement.

Les gens cherchent désespérément l'amour autour d'eux, mais il est d'abord à l'intérieur de chacun de nous. L'amour est en toi!!! Apprends ou réapprends à t'aimer. Ce n'est qu'après avoir découvert l'amour de toi-même que tu devrais chercher un partenaire. Il faut être digne d'amour avant d'aimer une autre personne.

Si tu envisages ton passé ou certains actes que tu as commis en te disant: «Je ne mérite pas d'être aimé et encore moins de m'aimer», alors tu continues de te rabaisser. Par le passé, quelqu'un t'a sans doute fait croire que tu ne valais pas grand-chose en t'assommant de paroles écrasantes et dégradantes. Qui t'a donné ces coups destructeurs? Pour agir ainsi, la personne qui frappait n'avait certainement aucune estime d'elle-même et se défoulait sur quelqu'un d'autre.

Réfléchis bien: Ce n'est pas que tu ne valais pas grand-chose – comme tu t'es mis à l'imaginer et à le croire – mais c'est tout simplement que cette personne manquait d'estime d'elle-même et qu'elle voulait te ramener à son niveau. Et pourquoi continues-tu encore aujourd'hui à te traiter toi-même de tous les noms?

L'important ce n'est pas ce que les autres pensent de toi, mais plutôt ce que tu penses de toi-même. Pose un nouveau regard sur toi. Je me rappelle cette phrase de Marcel Proust: «*Le véritable voyage de découverte ne consiste pas à chercher de nouveaux paysages, mais à regarder avec de nouveaux yeux*». Regarde ce qu'il y a de bon en toi, mets l'accent sur ta valeur. Sois fier de toi, de ce que tu représentes, et trouve un sens à ta vie.

Ne t'inquiète pas, il n'y a aucun danger à regarder à l'intérieur de soi-même. Au contraire, tu as tout à gagner; je suis même prêt à te garantir que tu y trouveras d'incroyables trésors.

Tu sais ce que sont les «ventes de garage», les ventes-débarras? Les gens y vendent tout ce dont ils n'ont plus besoin ou qui n'a plus de valeur pour eux. Il se présente toujours un client qui déniche l'objet de ses rêves ou presque. Cet objet change de valeur seulement à cause de la perception que chacun veut bien donner à ce même objet.

Si des gens autour de toi ont essayé de te convaincre que «tu ne valais pas grand-chose, change cette façon de voir et développe le réflexe de croire que «tu es un trésor pour toi-même et que tu vaux de l'or pour quelqu'un d'autre». À cet effet, je te suggère de lire *Le plus grand miracle du monde**, écrit par Og Mandino. Ce livre fascinant saura sûrement te convaincre de ta vraie valeur.

Lorsque tu es amoureux de quelqu'un, tu essaies habituellement d'être compréhensif, de lui faire plaisir et de lui offrir ce qu'il y de mieux, n'est-ce pas? Mais fais-tu les mêmes choses pour toi-même?

Prends soin de toi, donne-toi du temps et fais-toi plaisir à chaque jour de ta vie. Travaille comme si tu n'avais pas besoin d'argent; danse comme si personne ne te regardait, et aime comme si tu n'avais jamais été blessé. Pose des gestes positifs qui apporteront à ta vie des résultats positifs inespérés.

SOIS COMPRÉHENSIF POUR TOI-MÊME

Si un ami t'explique qu'il a posé des gestes dont il n'est pas fier, sans doute que tu essaieras de lui faire comprendre le contexte dans lequel cela s'est passé et de le convaincre qu'il a agi ainsi parce qu'il ne connaissait pas mieux: son passé, son éducation, et son milieu ne lui ont pas appris à faire autrement. En te montrant compréhensif tu fais preuve de bonté envers lui.

Fais ce même exercice mais pour toi-même cette fois. Tu dois comprendre que les enfants apprennent en suivant l'exemple de leurs parents, ils deviennent des modèles à imiter. Ce que tu as vu ou vécu dans ton enfance, il est fort probable que tu le reproduises dans ta

---

* Publié aux éditions Un monde différent ltée.

vie adulte. Sois compréhensif envers toi-même tout autant que tu le serais pour ton ami.

Dans mon cas personnel, j'ai été porté à boire pendant 11 ans, car j'imitais mon père qui a bu une grande partie de sa vie. Je buvais pour lui ressembler au fond parce que dans mon cœur d'enfant blessé, mon héros m'avait tant manqué.

> ## « L'AMOUR DES AUTRES PEUT T'AIDER; L'AMOUR DE TOI VA TE GUÉRIR ! »

SE FAIRE PLAISIR

Le meilleur moment pour te faire plaisir c'est justement quand tu crois ne pas avoir le temps. En vérité, le bonheur c'est une foule de petits plaisirs. Regarde les enfants, ils cherchent souvent à répéter leurs petits plaisirs: ils font tourner le petit camion 20 ou 30 fois, ils préfèrent jouer avec la boîte dans laquelle se trouvait le cadeau plutôt qu'avec le cadeau lui-même.

Pour créer un «momentum» de bonheur, commence d'abord dans ton quotidien en t'accordant chaque jour le droit et même le devoir de te faire plaisir.

Énumère une liste de 10 choses qui te feraient plaisir et engage-toi à les réaliser cette année.

1. _____

2. _____

3. _____

4. _____

5. _____

6. _____

7. _____

8. _____

9. _____

10. _____

S'OFFRIR CE QU'IL Y A DE MIEUX

Notre société est malade. On vend de faux rêves à tout le monde: les loteries, le casino, la drogue, l'alcool, etc., y contribuent largement. La publicité est axée sur le paraître et les allures anorexiques. Les gens sont influencés par le flot de ces fausses croyances et ils achètent cela. La preuve? Une simple statistique en témoigne: en Amérique du Nord, nous représentons une très petite partie de la population du globe, soit 2 %; pourtant, il se consomme ici environ 50 % de la cocaïne produite en Colombie.

Si tu crois que tu vaux la peine, si tu as une once d'amour pour toi, tu n'accepteras plus d'ingurgiter n'importe quel poison qui te tue, même à petites doses. Lorsque je rencontre des alcooliques ou des toxicomanes maintenant, je leur dis: «Il faut que tu aies vraiment mal à l'âme pour consommer comme tu le fais!»

L'ALCOOLISME

S'avouer alcoolique est encore un tabou de société et plusieurs éprouvent de la honte de s'afficher ainsi. Si tu as un problème avec l'alcool, je te suggère fortement de visiter le mouvement des «Alcooliques Anonymes» (AA) de ta région et de prendre conscience que tu n'es pas seul à vivre avec ce problème si répandu dans ce monde. Je suis moi-même fier d'être membre de ce mouvement qui aide des milliers de personnes chaque année.

Beaucoup de gens sont alcooliques et ne le savent pas. D'autres en prennent conscience mais souvent sans l'accepter. Une des caractéristiques communes aux alcooliques est sans doute l'orgueil et le refus d'admettre ses torts. À l'intérieur d'une relation amoureuse, l'alcoolique peut même blâmer sa conjointe pour son propre problème lié à la boisson.

L'alcoolique a tendance à être tellement irresponsable que la justice canadienne menace maintenant de poursuivre les établissements qui continuent de donner à boire à un individu qui est déjà en état d'ébriété et qui pourrait causer la mort au volant de son auto.

Cette loi démontre bien à quel point le système de justice reconnaît que l'alcoolique n'est pas assez responsable pour cesser de boire par lui-même et qu'il lui est plutôt difficile de respecter ses engagements. Est-ce que ça ne correspond pas justement à ce qu'on a toujours entendu: «C'est juste une promesse d'ivrogne»?

L'alcoolique a aussi tendance à accorder plus d'amour et d'attention aux étrangers qu'à sa famille. De plus, une personne qui vit avec un alcoolique peut même devenir codépendante de ce problème parce que la maladie fait partie intégrante de sa vie aussi.

Comme codépendant, tu vis constamment dans l'attente que l'autre devienne sobre; tu t'occupes souvent de la quantité de boisson qu'il va consommer. Tu peux vivre du stress, de l'angoisse et de la culpabilité vis-à-vis ce problème qui détruit ta famille. N'oublie pas qu'un alcoolique vit un terrible mal à l'âme et que son problème à résoudre ne t'appartient pas.

En tant qu'alcoolique, si tu essaies de cesser de consommer, vis «un jour à la fois». Garde en mémoire que ce n'est pas le nombre de rechutes qui compte, mais bien le nombre de fois où tu t'es relevé après avoir tombé. C'est ainsi que tu gagneras la partie.

Comprends bien que le fait de boire n'est seulement qu'une partie du problème, la plus grande part se rapporte bien plus à tes émotions mal gérées. Il est important d'admettre son alcoolisme, mais il est encore plus important de connaître les raisons qui se cachent derrière cette consommation exagérée. On est alcoolique non pas à cause de la quantité de boisson consommée, mais plutôt à cause de la raison qui motive cet excès de consommation. Pour vérifier si tu es alcoolique, je te suggère de répondre humblement au test qui suit.

TEST: ES-TU UN ALCOOLIQUE?

Le questionnaire suivant est inspiré de celui des *Alcooliques Anonymes*. Réponds-y en cochant ta réponse.

	OUI	NON
1. As-tu déjà pris la résolution de cesser de boire pendant environ une semaine pour l'abandonner après seulement quelques jours?	❏	❏
2. As-tu déjà consommé pour te désennuyer?	❏	❏
3. As-tu déjà passé d'une boisson alcoolisée à une autre dans l'espoir d'éviter de t'enivrer?	❏	❏
4. Au cours de cette année, as-tu pris un verre le matin?	❏	❏
5. Envies-tu les personnes qui peuvent boire sans se créer de problèmes?	❏	❏
6. Pendant la dernière année, l'alcool t'a-t-il causé des problèmes?	❏	❏

7. Ta façon de boire a-t-elle entraîné des problèmes au foyer? ❑ ❑

8. Consommes-tu de la boisson pour «geler» ton mal intérieur? ❑ ❑

9. Continues-tu d'affirmer que tu peux cesser de boire à volonté, même si tu continues de t'enivrer sans le vouloir? ❑ ❑

10. L'alcool est-il pour toi une cause d'absentéisme au travail? ❑ ❑

11. As-tu des trous de mémoire? ❑ ❑

12. As-tu déjà pressenti que ta vie serait meilleure sans alcool? ❑ ❑

Si tu obtiens 3 «OUI» et plus, tu peux te considérer comme un alcoolique. À toi de prendre les décisions qui te conviennent si tu souhaites y remédier.

STÉPHANE BRUNET

L'HISTOIRE DE STÉPHANE

Enfant, Stéphane Brunet s'est fait garder plus souvent qu'à son tour par ses oncles et ses tantes, car ses parents étaient très absents. Lorsqu'ils étaient à la maison, ils faisaient la fête. Stéphane a vite compris que s'il voulait être plus près de ses parents, il devait leur servir à boire. À 9 ans, il a lui-même commencé à consommer de l'alcool.

À 13 ans, il prenait de la drogue et il s'est mis les pieds dans un cercle vicieux infernal dont très peu de gens arrivent à se sortir. Comme il manquait d'argent pour se procurer de la drogue, il s'est vite senti obligé d'en vendre.

Saturé, dégoûté de sa vie, à l'âge de 28 ans, il est venu suivre la conférence de *La Renaissance*. Maintenant, lors de ses témoignages, il affirme y avoir trouvé des outils pour se libérer de sa dépendance et surtout pour lui permettre de découvrir ce qu'il voulait faire dans la vie. C'est ainsi qu'il est retourné aux études dans le but de devenir travailleur social.

Après avoir consommé pendant 15 ans, Stéphane est désormais sobre depuis novembre 1997. Il occupe aujourd'hui un emploi auprès de jeunes adolescents et il est stimulé par de nombreux projets d'avenir. Ce qui lui tient particulièrement à cœur, c'est d'aider les jeunes à ne plus demeurer «dans la rue» et de les soutenir en vue d'un avenir plus prometteur. Stéphane est un espoir pour les toxicomanes et la preuve vivante qu'il est possible de reprendre sa vie en main et de se réaliser pleinement et positivement.

L'HISTOIRE DE MYLÈNE

MYLÈNE DAVID

Mylène David a 35 ans et elle est alcoolique. Elle a commencé à consommer de l'alcool après sa première grossesse. Avec son conjoint, elle avait convenu de demeurer à la maison pour s'occuper de son enfant au lieu de retourner sur le marché du travail. Pour boucler le budget, son mari devait travailler de longues heures et pour combler le vide et l'ennui causés par son absence, Mylène s'est mise à boire seule, en cachette.

Au moment où elle met au monde son deuxième enfant, elle boit alors tous les jours. Cependant, sous l'effet de l'alcool, son caractère change, elle devient impatiente, colérique et même violente. Elle qui souhaitait prendre grand soin de ses enfants ne leur offre qu'une présence physique sans plus. Mais elle ne réalisait pas à ce moment-là le tort qu'elle leur causait.

Pour justifier sa consommation auprès de son mari qui se posait des questions sur ses agissements, elle a inventé un tas d'histoires. Elle se servait de son fils pour lui faire faire des courses et se procurer de la boisson.

À un moment donné, elle entend parler des conférences de *La Renaissance* et décide d'y participer par curiosité, ne croyant pas avoir de problème. Elle a cependant vite pris conscience qu'elle avait au contraire un «sérieux» problème lié à l'alcool. Elle a compris aussi les racines de son mal. Étant dépendante affective et très souvent seule, elle compensait son vide intérieur par l'alcool.

Quelques mois après sa conférence, en 1998, elle a complètement cessé de boire. Elle a repris confiance en elle et s'estime davantage. Elle a surtout retrouvé l'équilibre intérieur et une vie de famille plus harmonieuse et plus heureuse.

Mylène a maintenant repris le chemin du travail et la qualité du temps qu'elle consacre à ses enfants aujourd'hui lui fait dire qu'il n'est jamais trop tard pour rattraper le temps perdu. Elle ne regrette rien de son passé puisqu'il lui a permis de devenir la femme formidable qu'elle est à présent.

CHARITÉ BIEN ORDONNÉE

On entend souvent dire: «Charité bien ordonnée commence par soi-même», je dirais que cette règle se rapporte tout aussi bien à l'amour.

Si tu as absolument besoin de quelqu'un dans ta vie, réfléchis bien à ceci: «Avec qui es-tu assuré de passer le reste de ta vie?» Avec toi-même, bien sûr! Alors, pourquoi laisserais-tu ton bonheur entre les mains d'un autre? Aime-toi d'abord!

APPRENDRE À S'AIMER

Nathalie Blanchard

Sais-tu que la personne la plus importante, c'est toi?
Sais-tu que tu n'es responsable que de toi?
Aime-toi donc suffisamment
Pour ne prendre en charge que ta vie.
C'est déjà si compliqué!

Aime les autres suffisamment
Pour les laisser en faire autant.
Car, vois-tu,
Tu ne dois ta fidélité qu'à tes idées,
Qu'à toi-même.

Tu possèdes tant de qualités!
Pourquoi t'oublier?
Pourquoi le nier?
Pourquoi ne pas t'aimer?

Suis ton chemin et poursuis ta route.
Arrête-toi de temps en temps
Pour regarder autour de toi.
Il se trouvera toujours quelqu'un ou quelque chose qui te
guidera.

Va au-delà de tes peurs.
C'est souvent là que se trouve le bonheur.
Vis l'amitié et vis l'amour avec intensité et sincérité.

Prends le temps de te connaître.
Prends le temps de t'apprécier.
Prends le temps de t'aimer.
Et ne laisse surtout pas passer une occasion de che-
miner.

Quatrième leçon

Vivre avec passion

LA PASSION, C'EST CONTAGIEUX!

Les passionnés savent répondre aux défis qui leur arrivent; les changements les motivent au lieu de les éteindre. Souvent, ils vont provoquer eux-mêmes des changements pour briser la routine et s'assurer qu'ils ne s'encrassent pas dans les habitudes.

Être bien dans sa peau, c'est embrasser la vie et les nombreux cadeaux qu'elle nous donne. C'est grâce à cette diversité que naissent nos goûts, nos préférences et nos passions. Ils ajoutent un souffle d'énergie et de vie à tout ce que l'on fait. Avoir une passion provoque des émotions fortes et procure un sentiment de vivre à plein.

Une personne qui parle d'un but avec passion augmente toujours ses chances de réussir, car la passion porte souvent à l'action. Une personne qui parle de son conjoint avec passion démontre encore de l'intérêt et de la fierté pour sa relation. Les dépendants affectifs parlent aussi avec passion de leur partenaire pendant les premiers six mois, alors que les passionnés le font pour la durée de la relation.

On dit que les politiciens passionnés rendent leur peuple passionné. Par exemple, on n'a qu'à penser à Martin Luther King, John F. Kennedy, Nelson Mandela et plusieurs autres. La passion et la fierté pour leur pays et la cause qu'ils épousent ont fait une différence dans l'Histoire.

La passion se voit aussi dans l'expression vivante du visage, des yeux et des paroles d'une personne; la preuve, observe simplement un parent qui parle de son premier enfant. Un employé passionné peut changer l'atmosphère à son lieu de travail, car sa présence et sa passion remarquables sont contagieuses. Un chanteur passionné va toujours livrer ses chansons avec la même intensité et la même qualité d'énergie, peu importe qu'il chante seul ou devant des milliers de spectateurs.

FAIRE CE QUE L'ON AIME

Même après avoir donné près de 700 conférences de *La Renaissance*, j'éprouve toujours le même feu sacré et le même enthousiasme à partager mon message d'espoir. Je suis un éternel passionné. C'est certain qu'il est plus facile d'être passionné lorsqu'on fait ce qu'on aime. Alors, je te souhaite d'avoir un emploi qui te plaît, et d'être entouré de gens aussi enthousiastes que toi.

Il est plus simple aussi d'intéresser les autres à quelque chose si c'est intéressant pour toi. Alors, fais cet exercice: consacre un moment pour réfléchir sur ta relation amoureuse et écris au moins deux pages sur ta façon de la percevoir. Relis attentivement ton texte maintenant et pose-toi la question suivante: «Suis-je encore intéressé à poursuivre cette relation?»

S'investir dans notre passion contribue à nous valoriser nous-même. On peut le faire seulement si l'on croit qu'on mérite de se faire plaisir, de faire ce que l'on aime dans la vie. Les victimes croient l'inverse et sont rarement passionnées.

Aimerais-tu devenir plus passionné de la vie? Souhaiterais-tu te découvrir une passion? Voici quelques conseils pour devenir passionné.

PROVOQUE DES CHANGEMENTS DANS TA VIE

Les gens routiniers perdent leur passion. Si tu souhaites rompre des routines ennuyantes, arrête de faire toujours les mêmes choses de la même manière. Choisis un autre parcours pour aller à ton travail, ne prends pas le même choix au menu, change de restaurant, sois spontané et invite ta partenaire au restaurant un lundi, etc. Tout cela demandera une certaine forme d'adaptation nécessaire pour apprivoiser le changement, mais tu seras heureux de tes nouvelles initiatives. Chose certaine, elles ajouteront du piquant à ta vie quotidienne.

Tu dois comprendre cependant que les changements, même quand ils sont pour le mieux, exigent qu'on s'y adapte et provoquent de l'inconfort. C'est le cas notamment de la femme qui laisse son mari après 10 ans d'abus physiques et verbaux et qui doit retourner sur le marché du travail, ou déménager. La vie n'est pas toujours facile, mais l'important c'est de faire ce qui est bon pour soi. Ne l'oublie pas!

Certaines personnes n'acceptent pas les changements, elles résistent de toutes leurs forces, quelques-unes en tombent même malades. Certains se coiffent de la même façon depuis 40 ans; c'est sûr qu'en agissant ainsi – si on veut voir cela positivement – comme la mode est cyclique, ils ont la possibilité de revenir eux-mêmes «à la mode» à tous les 10 ans. Mais ils ne réalisent pas que leur résistance provient de leur programmation mentale. Et ce, même pour des choses banales, par exemple: «Le vase n'est pas brisé, alors pourquoi le remplacer?»

Le même principe s'applique en politique, dans les intentions de vote; parfois les gens votent pour le parti de leur père ou de leur mère sans même savoir qui est à la tête du parti et sans se faire sa propre opinion. Plus une routine est ancrée, plus il est difficile de la changer, car elle est devenue un automatisme imprimé dans notre subconscient.

Être dépendant de certains objets peut parfois faire la preuve que tu as peur du changement. Si tu as par exemple une collection de roches, pourquoi ne pas t'en débarrasser ou simplement la donner juste pour changer une de tes vieilles habitudes? À quoi ça sert au fond à part d'amasser de la poussière? J'ai déjà rencontré quelqu'un qui avait conservé ses vieux dentiers... au cas où ils pourraient servir de nouveau!

Parfois, de jeter certains objets après une rupture amoureuse peut être un signe que tu es vraiment prêt à lâcher prise et à couper les liens émotionnels qui te retiennent à ton partenaire. Dans certains cas, ces objets te gardent liés au passé et empêchent ton évolution! Je te suggère donc de brûler les lettres, les photos, eh oui, et même de te défaire ou de donner tes bijoux pour enfin t'aider à te détacher du passé et que tu puisses reprendre ainsi ton équilibre.

Une amie vivait une grande tristesse et se demandait la raison pourquoi elle n'arrivait pas à oublier son partenaire. En discutant avec elle, j'ai bien compris qu'elle entretenait sa souffrance en relisant régulièrement les lettres de son ex-amoureux, elle portait les bijoux reçus en cadeau, elle réécoutait leur chanson de noces et elle allait même jusqu'à coucher avec un ourson en peluche qu'il lui avait offert et sur lequel elle avait vaporisé son parfum. À chaque matin, elle se réveillait le cerveau imprégné de souvenirs pénibles pour elle. Elle entretenait sa douleur. En fait, son mal et son ennui étaient devenus tellement obsessionnels qu'ils l'empêchaient de décrocher du passé et de vivre une nouvelle vie.

Je lui ai fait comprendre que le jour où elle déciderait par elle-même de se départir de ces objets sentimentaux, son geste serait alors très significatif. Il ne faut pas oublier que ce sont nos pensées qui stimulent nos émotions. Dans ce cas-là, pourquoi être masochiste et s'infliger des pensées douloureuses déclenchées à la vue de souvenirs visibles du passé dans son quotidien?

Quand on conserve des objets qui ont une valeur sentimentale par rapport à la relation qui a échouée, c'est un peu comme si on conservait aussi, parfois même inconsciemment, un espoir de réconciliation qui nous empêche ainsi d'évoluer vers une nouvelle relation plus épanouissante et même souvent vers du meilleur. Pour cette amie, jeter ces objets a été douloureux mais aussi très libérateur. Cela a été un pas de plus vers son équilibre et aussi une marque d'amour envers elle-même.

« LE SUCCÈS, C'EST FAIRE CE QUE TU AIMES. »

MARTINE PARISIEN

L'HISTOIRE DE MARTINE

Martine Parisien chante depuis toujours. Enfant, elle participait à tous les spectacles de son école et aux concours d'amateurs. Puis, peu à peu, son rêve a germé de devenir chanteuse professionnelle.

Elle a pris les moyens qu'il fallait : soit d'amasser ses sous pour pouvoir se payer des cours de chant, quitter sa ville natale et déménager seule à Montréal, pour augmenter ses chances de réussite. Malheureusement, rien ne s'est passé comme dans ses rêves. Elle a été terriblement déçue, tant et si bien qu'elle en est venue à renier la musique, à juger son rêve insensé, et même pire, à l'abandonner complètement.

Elle a ensuite choisi une voie plus rangée, offrant plus de sécurité, et elle est devenue réceptionniste; mais elle n'était pas heureuse. Des images des spectacles qu'elle avait présentés lui revenaient souvent en mémoire et elle entendait la musique jouer dans sa tête. Mais son travail la stressait énormément au point de souffrir d'abord de malaises physiques puis de dépression. Elle absorbait de fortes doses de médicaments, soit des antidépresseurs et des calmants pour mieux dormir.

Lors de la conférence de *La Renaissance*, elle a compris que son rêve dormait en elle et qu'elle ne faisait rien pour le réaliser. Alors, elle a décidé que l'apitoiement et la dépression n'étaient plus pour elle: et elle a aussitôt jeté tous ses médicaments. Au lieu de souhaiter que son rêve se concrétise tout seul, elle a choisi de travailler pour qu'il devienne réalité.

Lorsque Martine a terminé son week-end, je lui ai offert de travailler avec notre équipe et maintenant elle chante à l'occasion de toutes nos conférences-spectacles de *La Renaissance*. De plus, elle enseigne le chant. Martine fait maintenant ce qu'elle aime le plus au monde et aujourd'hui, elle rayonne.

OSE DEMANDER POUR OBTENIR PLUS DE LA VIE

C'est incroyable comme chacun de nous se prive de belles et bonnes choses seulement parce qu'on n'ose pas demander. Cela est aussi vrai pour les riches que pour les pauvres. Je te donne quelques exemples.

Debout sur un même coin de rue, deux clochards mendient de l'argent. L'un est vraiment malpropre, laid et sent l'alcool à distance. Il est arrogant et demande l'aumône à chaque passant sans aucun respect. Le deuxième est assez propre malgré des vêtements déchirés, il joue du violon en souriant et laisse les gens déposer de la monnaie à leur discrétion dans l'étui de son violon à ses pieds. Selon toi, lequel va récolter le plus d'argent dans une journée? En temps normal, ce devrait être le premier. Pourquoi? Tout simplement parce qu'il demande davantage et qu'il augmente ainsi ses chances de recevoir.

L'inverse est aussi vrai, moins tu demandes et moins tu reçois. J'ai expérimenté les deux possibilités. Un jour, j'ai croisé dans l'ascenseur de mon immeuble une très jolie fille, je croyais rêver... j'ai parlé avec elle, mais je ne lui ai rien demandé. J'ai pensé à elle pendant trois mois en espérant la revoir pour lui demander son nom et, pourquoi pas? lui offrir une sortie au restaurant?

Puis, un jour, elle est réapparue dans le même ascenseur, je suis resté là muet, à regarder les indicateurs d'étages, incapable de lui dire quoi que ce soit. Elle est tout simplement ressortie. Alors, tu devines bien que je ne suis jamais allé au restaurant avec elle puisque je ne lui ai jamais rien proposé.

Avec le temps, j'ai compris pourquoi je n'osais pas demander. Ma peur était reliée à une histoire de rejet vécue dans ma période d'adolescence quand une fille a refusé de danser avec moi et que j'en ai été profondément humilié. Jusqu'à l'âge de 27 ans, j'avais peur de faire des demandes s'il y avait la moindre chance d'être rejeté.

Mais depuis, j'ai appris, si bien que je ne me gêne plus pour demander: tout ce que je risque, c'est qu'on me dise non! Maintenant, je préfère savoir la vérité plutôt que de rester dans les devinettes et d'espérer.

Un jour d'hiver, je me promenais en voiture, mais la vitre de mon pare-brise était tellement sale que je n'y voyais plus rien. Il n'y avait aucun garage en vue non plus, seulement un restaurant avec service au volant. Je me présente donc au guichet et à la question de la jeune fille: «Qu'est-ce que je peux vous servir?» je lui réponds: «Quelque chose pour laver ma vitre d'auto, s'il vous plaît?». «Êtes-vous sérieux, monsieur?» «Bien sûr, ma vitre est tellement malpropre». Dans un geste de bonté, elle m'a alors passé un nettoyant et... m'a même aidé à laver mon pare-brise!!! Comme quoi, quand on demande, il y a de fortes chances de recevoir.

CROIS EN TON POTENTIEL!

Dans un autre ordre d'idées, être superstitieux, c'est donner de l'importance à quelque chose d'extérieur à soi qui aurait un effet sur nous: un peu comme de la magie. Si tu es superstitieux, c'est en quelque sorte une preuve que tu ne crois pas en ton potentiel. J'ai entendu parler d'un gardien de buts au hockey professionnel qui se livre à de nombreux rites avant et pendant une partie: il parle à ses poteaux, il exige de ses coéquipiers un contact avec leurs casques et il ne se permet jamais de patiner sur les lignes rouges et bleues de la patinoire. En somme, il effectue tout ce cérémonial dans le seul but de gagner. Ne serait-il pas beaucoup plus simple de se faire confiance?

FIXE-TOI DES BUTS

Apprends à te fixer des buts. Se fixer un but, c'est vouloir avoir, être ou faire quelque chose. Tu en as plein la tête, j'en suis sûr. Mais il faut aller plus loin pour les réaliser. Tu peux avoir les meilleures intentions du monde, mais si tu ne passes pas à l'action, tu n'es ni plus ni moins qu'«un petit faiseur». Laisse-moi te donner un conseil, vise des buts réalistes et avance un jour à la fois vers ce but. J'ai connu un jeune homme qui me répétait sans cesse: «Un jour, je serai médecin». Après quelques années de cette rengaine, je lui ai suggéré de finir d'abord ses études secondaires avant même d'envisager de devenir médecin.

Clarifie ce que tu veux être, avoir ou faire. Réalise tes démarches un pas à la fois et tu seras surpris des résultats. Pense à ce jeune Terry Fox qui a parcouru à pied une partie du Canada malgré son handicap physique (victime du cancer, il n'avait qu'une seule jambe et portait une prothèse). Il expliquait qu'il avait pu réussir à atteindre son but en se fixant comme étape de se rendre seulement au village voisin, car s'il s'était mis à penser à tout le chemin qu'il avait à parcourir pour traverser le Canada au complet, cela l'aurait sans doute découragé. En ce qui me concerne, à chaque conférence, je me fixe le but d'aider au moins une personne, alors je ne suis jamais déçu.

Pour réaliser un but, je te suggère de penser et même d'écrire une stratégie pour y arriver. Un jour, un ami est venu me voir pour me dire qu'il avait décidé que, cette année-là, il allait prendre les moyens pour s'acquitter de ses dettes. Je lui ai demandé s'il avait mis sur papier une stratégie pour y parvenir et il m'a répondu non. Son plan principal était de travailler en temps supplémentaire pour augmenter son revenu. Un an plus tard, je n'ai été aucunement surpris lorsqu'il m'a annoncé au restaurant que non seulement il n'avait pas pu régler ses dettes, mais qu'au contraire il en avait accumulé encore plus.

Nous avons fait le tour de la question et, au bout de 10 minutes, j'ai établi par écrit avec lui une stratégie efficace pour y arriver. Mon ami a compris que même s'il augmentait ses revenus, la source de son problème, c'était avant tout ses achats impulsifs. Je lui ai alors suggéré de toujours se poser deux petites questions très simples avant de faire un achat: «Est-ce un besoin?» ou «Est-ce un désir?» Si c'est un besoin, c'est donc une nécessité; mais si c'est un désir, c'est plutôt un luxe dont on peut se passer.

Quand le moment du dessert est arrivé, j'ai bien vu qu'il avait déjà compris la leçon, car il a répondu: «Non, merci, ce n'est pas un besoin». En peu de temps, il a pu payer ses dettes.

En ce qui me concerne, je trouve tout aussi important d'aider quelqu'un financièrement que de le soutenir au point de vue émotif, car cela peut contribuer autant à réduire beaucoup de stress et d'angoisse dans un mode de vie.

VIVRE L'IMPOSSIBLE

Dans le silence et la solitude,
on entend plus que l'important.
Ne vous endormez pas en pensant qu'une chose est impossible,
car vous risqueriez d'être réveillé
par le bruit
que ferait une autre personne
en l'accomplissant.

Cinquième leçon

Vivre le moment présent

Aujourd'hui est un cadeau, c'est pourquoi on l'appelle le présent. Fais de chaque minute qui t'est donnée, une nouvelle vie, une renaissance. Prends le contrôle de ton présent. Avance en acceptant ton passé pour enfin être bien et vivre en équilibre pour tes futures années.

On ne peut rien changer à ce qui est déjà fait. Par définition, la notion de passé est un temps écoulé et révolu sur lequel on n'a plus aucune emprise. Pourtant, les fantômes du passé emprisonnent encore beaucoup de gens qui ressassent leurs souvenirs, leurs peines, leurs échecs et refoulent leur rage. Ils continuent de traîner avec eux leurs blessures d'enfance ou leurs relations amoureuses décevantes.

Bien entendu, si on le laisse nous étouffer, un passé lourd est nécessairement un handicap au bonheur, mais si on l'accepte et qu'on sait en tirer des leçons, il peut être aussi une bonne source d'expérience et d'apprentissage. Mais si on veut réellement améliorer son futur, on ne peut alors qu'agir sur le présent.

Si ton passé te garde triste, déprimé ou enragé, c'est MAINTENANT le moment de faire le ménage intérieur et de partir à la découverte de ton bien-être! Cette décision pourrait être l'une des plus importantes du reste de ta vie. En effet, elle changera même ton histoire pour le meilleur si tu es prêt à laisser le pire en arrière.

L'HISTOIRE DE MICHEL

MICHEL LAUZON

En 1958, alors âgé de 7 ans, Michel Lauzon est le témoin impuissant de la noyade de son frère aîné. Le silence de ses parents sur cette tragédie intensifie son désespoir. Il est rentré alors au collège comme pensionnaire et il ne reverra les siens qu'un an plus tard.

Michel a aussi vécu de la violence physique, verbale et psychologique dans son enfance. Ayant connu des difficultés avec l'autorité, il choisit de devenir policier, pensant la personnifier et ainsi régler une partie de son problème, mais après 9 ans, il ne se sent toujours pas à sa place. Pendant 43 ans, il n'arrive pas à se défendre et à se libérer des sentiments d'impuissance et de culpabilité qui le rongent intérieurement.

À cette époque, sa vie n'a aucun sens, et comme il cherche l'amour de relation en relation, il a la désagréable impression de tourner constamment en rond ou de saboter les rares bons épisodes de sa vie. Résultat: il se retrouve encore et toujours à la case départ. Après trois tentatives de suicide et une course vaine sans destination, il se sent essoufflé et meurtri. Aucune lueur d'espoir ne vient éclairer son univers.

La Renaissance et son équipe d'intervenants l'ont réveillé d'un long sommeil rattaché à son passé douloureux qu'il traînait inlassablement avec lui comme un boulet. Cet amour inconditionnel qu'il a ressenti lors de la conférence lui a fait savourer «le moment présent».

Michel a fait la paix avec lui-même, il a appris à s'aimer et a pris conscience que la valeur qu'il s'était attribuée par le passé ne reflétait nullement son vrai potentiel. Il a ainsi pu ajuster son estime personnelle à sa véritable valeur et il peut maintenant développer son plein potentiel en tant que travailleur social, et ce, particulièrement en faisant du «counselling» au sein de *La Renaissance*.

FAIRE LE MÉNAGE INTÉRIEUR

Apprends à libérer toutes tes émotions refoulées en les exprimant: soit en parlant avec un confident, en les écrivant ou encore en pleurant pour laisser sortir ta peine. Accepte ton mal qui est présent et permets-toi de vivre cette souffrance pour qu'elle te quitte enfin. Tu es aussi malade que les non-dits de ton cœur. Il y a tant de gens aujourd'hui qui fuient leurs souffrances en s'évadant de la réalité, en s'enlisant dans leurs dépendances. N'oublie jamais que ton émotion, c'est de l'énergie en motion. Exprime-la au lieu de la laisser emprisonnée dans ton cœur.

Un jour, une femme est venue me voir dans mon bureau pour me parler de la haine refoulée qu'elle éprouvait pour son mari. Elle me disait à quel point il lui était insupportable de vivre avec son conjoint, c'est pourquoi elle avait l'intention de le quitter. Je lui ai suggéré de prendre mes deux mains dans les siennes, de me regarder droit dans les yeux et d'imaginer, par ce jeu de rôle, que j'étais son mari. Ensuite, je lui ai demandé de me dire tout ce qu'elle avait sur le cœur. En peu de temps, elle s'est mise à pleurer tout en exprimant sa haine qui était au bout du compte une accumulation de «petites» choses grossissant au fil des dernières années de sa relation.

Une fois l'atelier terminé, elle avait libéré les non-dits de son cœur et, comme par magie, elle avait une envie folle de revoir son conjoint. Ce phénomène est tout à fait normal après une libération de la sorte. Souvent, on constate qu'un couple d'amoureux peut éprouver une passion intense l'un pour l'autre justement après avoir déversé sur son partenaire un flot de paroles blessantes. C'est comme si le fait d'avoir évacué toutes les paroles de haine qui l'étouffaient avait redonné de l'amour-propre à celui qui s'est exprimé. Plus tu as de l'amour pour toi-même, plus c'est facile ensuite d'aimer autrui.

TROUVER LA RACINE DU MAL

Certaines expériences nous marquent d'ailleurs pour la vie et gravent en nous des impressions très fortes. À l'occasion du décès de mon grand-père, j'ai réellement associé la senteur de la mort aux fleurs qui ornaient sa tombe, jusqu'au jour où j'ai réalisé qu'un mort ne sent rien lorsqu'il est embaumé. Ce sont les fleurs environnantes qui dégagent une odeur insistante. Pendant longtemps, par après, quand j'entrais chez un fleuriste, selon moi, ça sentait «le mort».

As-tu enregistré dans ton inconscient des éléments qui font de toi une personne continuellement inquiète? Es-tu du genre à demander continuellement à ton partenaire: «À quoi penses-tu? M'aimes-tu?» As-tu besoin d'être rassuré sur l'amour qu'on te porte? Demande-toi d'où vient cette insécurité?

Parfois, le seul fait de comprendre la racine de ton mal intérieur peut l'éliminer.

Par le passé, j'étais facilement blessé par des insultes, peu importe leur provenance. Tu peux facilement t'imaginer que d'exercer le métier de policier m'amenait à en entendre de toutes les couleurs.

Un jour, j'ai compris pourquoi je réagissais ainsi. Quand j'étais enfant, on m'a souvent traité de tous les noms à cause de ma petite taille et de mes cheveux roux. Les insultes du présent faisaient tout simplement jaillir des émotions refoulées de mon enfance; j'étais seulement en réaction face à mes blessures non gérées.

Aujourd'hui, grâce à cette compréhension, je peux me détacher au niveau émotionnel des gens qui m'insultent. Et ce n'est sûrement pas par hasard non plus que je me suis entraîné aux haltères pendant des années et que mon poids maintenant atteint même 90 kilos: j'ai donc une stature qui en impose. Notre passé nous pousse trop souvent à agir de certaines façons que nous ne saisissons pas au départ, mais que nous comprenons bien plus tard, parfois de nombreuses années après avoir vécu cette souffrance.

LES DISEUSES DE BONNE AVENTURE

Il existe aussi certaines personnes qui ne peuvent tolérer de vivre le moment présent. Elles cherchent continuellement plutôt à savoir ce que l'avenir leur réserve!

Elles consultent des voyantes de toutes sortes au lieu de s'investir afin de bâtir leur futur au moment présent.

Personnellement, je trouve cela triste que des gens vulnérables, en manque d'amour et d'espérance en leur vie, dépensent beaucoup d'argent pour se faire raconter des histoires sur leur avenir.

Personne ne connaît l'avenir. Si les voyants le connaissaient vraiment, tu n'aurais pas besoin de fixer un rendez-vous avec eux pour les rencontrer. Ils devraient déjà être assis là à t'attendre, ayant prévu ta venue. Je crois aussi que ces gens peuvent programmer ton cerveau en suggérant toutes sortes de choses que tu souhaites entendre ou dont tu as peur, et tu finis par te les attirer à force d'y avoir autant pensé. Reste maître de ta vie, ne laisse personne contrôler ton avenir.

En fait, je trouve cela plutôt étrange que des gens puissent croire qu'une personne est apte à leur dire que Jupiter, Neptune, leur étoile polaire et la Lune sont alignés maintenant en leur faveur ou non, et tout ceci pour un prix exorbitant. Je n'ai jamais vu un médium avec un télescope.

Lors d'une conférence, une diseuse de bonne aventure me confiait qu'elle faisait cela «simplement pour le plaisir» et moi je lui ai répondu: «Je ne connais personne qui fait cela pour le vrai».

LE POUVOIR DE NOTRE CERVEAU

Pendant mes conférences, j'offre souvent aux gens qui ont mal à la tête de venir me voir en tête-à-tête. Je leur demande simplement s'ils ont confiance en moi, et s'ils répondent par l'affirmative, je pose ma main sur une de leurs épaules et je leur dis qu'en peu de temps leur mal de tête va cesser. Dans 90 % des cas, le mal disparaît effectivement en moins de cinq minutes et même parfois, c'est instantané.

Plusieurs personnes sont venues me voir pour me demander si je pouvais soulager leurs maux de dos, d'arthrite, de psoriasis, ou de jambes. J'ai appliqué le même scénario et, à ma grande surprise, elles m'ont confirmé avoir été guéries.

À la fin de ma conférence, j'explique aux gens que je ne possède aucun pouvoir de guérison, mais que le but de cet exercice est essentiellement de prouver le pouvoir qu'exerce notre cerveau sur notre guérison. Dès l'instant qu'une personne croit que je peux améliorer sa situation, c'est elle-même qui s'enlève la douleur, car moi, je suis comme tout le monde, et je n'y peux rien.

L'HISTOIRE DE MAURICE

Pour vous prouver le pouvoir du cerveau, laissez-moi vous raconter l'histoire d'un homme que j'ai rencontré à Val d'Or, en Abitibi.

Lorsque j'ai rencontré Maurice Leclerc, il souffrait de maux de dos chroniques depuis 1989. Il a d'ailleurs subi trois importantes opérations chirurgicales au dos entre 1989 et 1990. S'ajoutait à ses souffrances, la fibromyalgie, une maladie très douloureuse, qui le contraignait finalement à se déplacer à l'aide d'un véhicule électrique.

DARQUISE et MAURICE

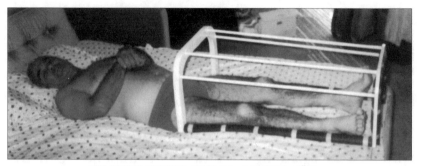

MAURICE LECLERC AVEC SA «CAGE DE MÉTAL»

Maurice souffrait tellement qu'il n'arrivait plus à dormir. Ingénieux, il s'est inventé une cage de métal entourant son lit afin que les draps ne touchent pas ses membres trop sensibles. Sa santé physique se détériorant, la déprime s'est installée et sa relation de couple en a subi le contrecoup.

Puis, il entend parler des conférences de *La Renaissance* qu'il est venu vivre pendant trois jours. Il s'est libéré alors d'émotions profondes; il a ouvert les valves de son blocage mental qui provoquait cette réaction d'ordre physique majeure. Lorsqu'il m'a entendu dire que l'on peut se guérir, il a pris la décision de marcher sur-le-champ.

Depuis ce moment-là, Maurice marche normalement, sans véhicule motorisé; il dort tout aussi normalement, sans sa cage dans laquelle il aura dormi pendant 10 années. Maurice, c'est le cas de le dire, en est maintenant libéré grâce à son propre pouvoir de guérison et il témoigne de ce phénomène à qui veut l'entendre, debout sur ses deux jambes.

ON A LE POUVOIR DE GUÉRISON EN SOI

À ce sujet, un médecin aux États-Unis a donné à plusieurs de ses patients un comprimé spécial en leur disant que cette pilule miracle allait régler leurs symptômes. Parmi les maladies à soigner, il y avait la constipation, des douleurs au ventre, des dépressions, des migraines et autres. Comme prévu, tous les patients ont déclaré très rapidement que leur problème était bel et bien réglé. Ce que les patients ne savaient pas, c'est que cette pilule était un placebo, elle ne contenait que du sucre. Au fond, ils s'étaient guéris par eux-mêmes.

Dans la vie, on entend souvent des gens dire qu'ils ont le pouvoir d'arrêter le sang ou de guérir certains maux. Mon opinion personnelle est qu'ils n'ont pas plus de pouvoir que toi et moi. C'est triste car certains en tirent profit et abusent des gens crédules et naïfs en les persuadant qu'ils sont guérisseurs.

Il est clairement démontré que les pensées positives envers soi-même peuvent complètement guérir le cancer. Il faut toutefois se rappeler que la seule personne qui peut te guérir: c'est toi-même!

L'HISTOIRE D'IVON

Ivon Bougie a connu une enfance difficile marquée par le rejet. À l'adolescence, des abus sexuels ont bouleversé sa conception de la sexualité et de l'amour. Sa peur du rejet ancrée en lui l'a amené à vivre de pénibles expériences pour remplir son grand besoin d'amour.

Une seule bouée de sauvetage lui a permis de traverser ces épreuves, c'était son rêve

IVON BOUGIE

de chanter. Pour le réaliser, il déménage à Montréal, décroche un premier contrat; mais là encore il a dû subir la jalousie du chanteur solo et il doit quitter le groupe. Il vit un rejet de plus.

Découragé, la vie lui sourit pourtant quelque peu en l'amenant à chanter au sein des «*Fous du Rock'n Roll*». Deux ans plus tard, on lui apprend qu'il lui reste peu de temps à vivre, car il a contracté le virus du sida. À l'annonce de cette terrible nouvelle, il s'est senti complètement démoli et il a craint d'être rejeté par son groupe musical. À sa grande surprise, il a été accueilli à bras ouverts, et il a pu continuer à chanter avec eux pendant quatre autres années, malgré les défis que sa maladie l'amenait à relever.

Puis, Ivon s'est retrouvé face au plus grand et au pire défi de sa vie: la phase terminale du sida. Quatre pneumonies l'ont atterré, l'oxygène était presque absent de son système, il pesait moins de trente kilos. Lorsque les médecins lui ont appris qu'ils devaient le brancher à un respirateur, il a refusé de mourir et sur son lit d'hôpital, il m'a dit: «C'est juste le sida, je ne me laisserai pas mourir, tu vas voir, Marc». Et je l'ai vu livrer un combat sans merci contre la mort.

Ivon a gagné! La route a été difficile mais il dit qu'elle lui a permis de découvrir qui il était réellement et de faire un cheminement spirituel important. Aujourd'hui, son système immunitaire est complètement reconstruit et le virus est absolument indétectable dans son sang. Il est disparu.

Maintenant, Ivon passe la majeure partie de son temps à aider les gens par son témoignage et son amour, mais surtout, il réalise son rêve le plus cher: il continue de chanter. On l'entend d'ailleurs lors de chaque conférence-spectacle de *La Renaissance*.

«JE SUIS MAÎTRE DE MA VIE»

Tu blâmes peut-être tes parents, ton conjoint, la société même pour expliquer tes déboires dans la vie, mais le fait de penser ainsi est un obstacle important à ton évolution. Accepte plutôt avec amour et compréhension ce que tu es devenu *maintenant*.

Pour amorcer un changement de direction vers la joie et l'abondance, commence à partir du moment présent et fais une mise au point, si cela est nécessaire. *Qu'aujourd'hui soit le premier jour du reste de ta vie!* Tu es l'artisan de ta vie: décide comment tu veux la vivre dans l'avenir.

Sixième leçon

Tu es l'architecte de ton avenir

Lorsque tu entends des gens se plaindre ou mieux encore accuser les autres de ce qui leur arrive, tu as alors affaire à des victimes. La victime a toujours plusieurs raisons pour ne pas accepter sa part de responsabilité et elle blâme alors les autres.

Être une victime, c'est tout le contraire de prendre sa vie en charge. C'est de gémir parce que des bourreaux démolissent tes projets au lieu de t'occuper à bâtir ta vie comme tu voudrais qu'elle soit.

Être une victime, c'est aussi être masochiste, c'est entretenir sa condition de faible. À la blague, on pourrait demander à un masochiste: «Pourquoi te frappes-tu?» et on l'entendrait probablement répondre: «Ça fait du bien quand j'arrête!» Lorsque tu agis ou que tu te perçois comme une victime, tu ne peux pas t'aider ni évoluer.

Change tes pensées! Arrête de jouer ce rôle de victime, et ce, aujourd'hui même! Peut-être viens-tu d'une famille où les seules marques d'affection t'étaient données lorsque tu étais malade? Il est alors facile d'apprendre à croire que «si je fais pitié, on va s'occuper de moi» et tu continues cette manipulation avec ton entourage dans le but de te faire plaindre, de te faire prendre en charge, d'être aimé. La raison profonde de toute cette mise en scène, c'est que tu ne t'aimes pas et que tu cherches à combler ce vide intérieur intolérable.

FAUSSES CROYANCES

C'est étrange qu'encore de nos jours on entende de fausses croyances circuler, dans un monde qu'on dit pourtant intelligent et évolué. Une fausse croyance, c'est un mensonge répété de génération en génération, et qui, avec le temps, peut sembler véridique.

Comment expliquer qu'un individu donné possède la capacité d'inventer et de fabriquer un ordinateur, mais qu'il s'interdit pourtant de passer sous une échelle par peur de s'attirer de la malchance? Quelle triste ignorance!

Mon père me disait souvent qu'il marchait cinq kilomètres chaque jour pour se rendre à l'école, alors que la ville où il demeurait ne comptait que trois kilomètres de distance comme limites de territoire. Je me souviens d'avoir entendu mon grand-père prononcer ces mêmes paroles. J'ai donc compris que mon père répétait comme un perroquet cette même fausse croyance inculquée par son père.

Voici quelques fausses croyances et superstitions encore populaires:

- «Jamais deux sans trois»;
- «Les hommes sont tous pareils»;
- «On aime seulement une fois dans la vie»;
- «Le mariage, c'est pour la vie»;
- «Briser un miroir apporte sept ans de malheur»;

- «Les policiers sont tous honnêtes»;
- «Un chat noir qui traverse la rue t'apporte la malchance»;
- «Le client a toujours raison»;
- «L'argent fait le bonheur»;
- «Trompe un jour, trompe toujours»;
- «Avoir un enfant avant le mariage, c'est une honte»
- «Les prêtres n'ont jamais de sexualité»;
- «L'alcool t'apporte le bonheur»;
- «Pour aller au ciel, il faut aller à l'église»;
- «Ce sont les faibles qui pleurent»;
- «La jalousie est normale en amour»;
- «Le chiffre 13 est malchanceux»;
- «On ne contredit pas les gens plus âgés que nous».

J'ai justement été éduqué en me faisant répéter par mon père qu'on ne devrait jamais répliquer aux personnes plus âgées, même si on est en désaccord. J'ai repris et entretenu cette croyance longtemps jusqu'au jour où j'ai compris que de s'affirmer avec respect s'avère très valable, et ce, même avec les aînés.

Je trouve bizarre que, par superstition, les grands édifices n'indiquent pas de treizième étage dans l'ascenseur. C'est tout de même curieux quand on considère que les gens qui vivent au quatorzième étage sont en fin de compte vraiment au treizième!

On adopte souvent de fausses croyances faute d'avoir connu mieux. Certains nous ont dit des choses que nous aurions pu contester mais auxquelles nous avons pourtant cru fermement... et que nous avons répétées à notre tour à nos enfants. Pour que s'arrête cette roue sans fin, il suffit d'abord d'être confronté à de l'information plus complète ou même contraire pour nous faire réaliser à quel point ces croyances sont erronées.

LES JUGEMENTS

Personnellement, je trouve triste qu'encore aujourd'hui, les gens soient portés à juger les autres qui sont le moindrement différents d'eux. Quand j'étais souffrant et mal dans ma peau, je me faisais juger et lorsque je me suis pris en main et que je débordais d'amour, on me jugeait encore, simplement parce que j'étais différent. J'ai vécu aussi une autre expérience par le passé: c'est que j'ai eu une copine de race noire à une certaine époque et les gens condamnaient notre différence. Et ça arrive encore. Je trouve incroyable qu'on en soit toujours là, au début de ce XXIe siècle!

Les gens jugent souvent par peur, par ignorance, par jalousie ou parce qu'ils souffrent d'un complexe de supériorité ou d'infériorité. On n'a qu'à penser aux guerres de religion ou encore aux problèmes d'anorexie qui sont très souvent reliés au simple jugement des autres. Lorsque tu juges un autre être humain, pose-toi la question: «De quoi j'me mêle au juste?»

Une mère m'apprend que son fils est homosexuel et elle veut savoir si je peux l'aider. Je demande alors à la mère si elle est hétérosexuelle et elle me répond que c'est bien le cas. Je lui demande ensuite si «elle» a besoin d'aide concernant son choix d'orientation sexuelle. Elle venait de comprendre que l'orientation sexuelle de son fils ne la concernait pas. L'amour, c'est accepter son enfant tel qu'il est, inconditionnellement.

Remarque d'ailleurs que les gens qui jugent les autres vivent en général des problèmes d'envie ou de jalousie et ils sont souvent en manque d'amour. Si tu veux être respecté, commence par respecter les autres.

Il y a aussi le phénomène de projection qui explique que les gens qui critiquent les autres parlent souvent d'eux-mêmes; ils voient dans les autres ce qu'ils refusent de voir dans leur propre vie. En fait, les autres leur servent en quelque sorte de miroir.

N'oublie pas que les gens qui te parlent des autres, parlent aussi aux autres de toi. Leur spécialité, c'est le jugement et la critique. As-tu déjà entendu ceci: «Il faut marcher un kilomètre dans les mocassins de l'Amérindien avant de porter un jugement.» Accepte comme règle de vie de ne pas juger et de ne pas critiquer autrui et le monde ne s'en portera que mieux.

En ce qui me concerne, quand j'ai commencé les conférences de *La Renaissance*, les jugements qui ont été faits à mon égard par mes collègues de travail et par d'autres m'ont au contraire grandement aidé à me surpasser et à foncer. En plus, il y a une règle en affaires qui dit: «*Parle de moi en bien ou en mal mais, s'il te plaît, parle de moi!* Ces jugements ont grandement contribué à promouvoir la popularité de *La Renaissance* et pour cela, je leur en suis reconnaissant et je les remercie.

T'ENGAGER

Tu es l'architecte de ta vie, c'est toi qui en fais les plans et qui les mets à exécution. Engage-toi à changer ta vie pour le mieux, peu importent les obstacles. Occupe-toi et cesse d'attendre les autres. En prison, les gars qui prennent la responsabilité de certaines tâches, comme la cantine, la cuisine ou le mouvement des Alcooliques Anonymes, se réhabilitent beaucoup mieux que d'autres prisonniers parce qu'ils ont la fierté d'être responsables et engagés à servir.

N'aie pas peur de t'engager dans ce que tu fais. Sois fiable, c'est-à-dire quelqu'un sur qui on peut compter. D'ailleurs, plusieurs relations amoureuses ne fonctionnent pas justement parce que l'un ou l'autre des partenaires ne s'engage pas à nourrir la relation.

CHOISIS TON ENTOURAGE

À partir du moment où tu te considéreras comme quelqu'un de précieux dans ta vie, tu voudras sûrement porter attention aux personnes de ton entourage pour devenir de plus en plus sélectif.

Alors, une première démarche à mettre en pratique consiste à te séparer des gens négatifs que tu côtoies, ceux qui te dévalorisent, qui ne te respectent pas ou qui ne t'encouragent pas dans ton cheminement. J'ai une amie personnelle qui préfère être seule à lire, à écouter de la musique, à faire des mots croisés, à écrire à des gens qu'elle apprécie, à faire des courses ou à marcher plutôt que d'être entourée de gens dont l'énergie la dérange. Elle dit ne pas connaître l'ennui, car elle se considère comme sa meilleure amie.

Parfois, pour améliorer ta qualité de vie, tu as besoin de faire le ménage de tes amis. Ne te sens pas coupable de ne pas vouloir entretenir de relations qui sont insignifiantes ou néfastes pour toi car tu as le droit de choisir. Ton mode de vie est souvent affecté par tes amis; des vrais amis ne jugent pas, ne t'imposent pas de les appeler à tout prix, ne te contrôlent pas. C'est la raison pourquoi ils sont rares. Mais il vaut mieux en avoir moins, mais de qualité supérieure que d'en compter plusieurs mais dont la qualité laisse à désirer.

On dit: «Qui se ressemble s'assemble». Alors, n'hésite pas à rechercher la compagnie de gens heureux et passionnés, car c'est contagieux! Les amitiés sont précieuses et n'ont pas besoin d'être très nombreuses. Des amis sincères sont une véritable richesse dans une vie: cultive-les.

LES AMIS AU FIL DE LA VIE

Texte reçu par des amis via Internet

Les amis entrent dans notre vie *pour une raison, pour une saison* ou *pour la vie entière*. Si nous arrivons à déterminer pour chaque rencontre si elle s'est produite pour une raison, pour une saison ou pour toute la vie alors, nous saurons comment réagir vis-à-vis elle.

L'ami qui passe dans notre vie pour une RAISON: c'est généralement pour combler un besoin que nous exprimons, consciemment ou non. Cet ami est là pour nous aider à traverser des difficultés, pour nous fournir des pistes ou nous guider et nous soutenir, pour nous aider physiquement, émotivement ou spirituellement. Il peut nous apparaître comme une aubaine et, c'en est une! Il est là parce que nous en avons besoin.

Un jour, sans que nous n'y ayons la moindre part de responsabilité, cette relation fera ou dira quelque chose qui brisera le lien. Peut-être... mourra-t-elle ou partira-t-elle, peut-être agira-t-elle de telle manière que nous ne pourrons continuer de cheminer à ses côtés. Ce que nous devons réaliser alors, c'est que notre besoin a été comblé, notre désir satisfait, qu'il n'y a plus de raison de cheminer ensemble et qu'il est temps d'aller chacun son chemin..

L'ami qui entre dans notre vie pour une SAISON: Parce que notre tour est venu de partager, d'évoluer ou d'apprendre. Il nous procure un sentiment de paix, ou nous fait rire. Il se peut qu'il nous fasse découvrir quelque chose de nouveau, ou nous amène à faire quelque chose dont nous nous sentions incapable. Celui-là nous apporte généralement une somme immense de joie. Mais ce n'est que pour une saison.

Les amis qui sont là pour LA VIE ENTIÈRE: Ceux-là nous forgent pour la vie, nous aident à construire nos bases émotionnelles. Notre tâche est d'accepter les leçons, d'aimer et de mettre ce que nous en avons reçu et appris dans les autres relations qui émaillent notre vie.

TEST D'ATTITUDE

Comme tu es l'architecte de ton avenir, tu as le choix des attitudes et des comportements que tu adoptes. En lisant ce tableau, questionne-toi et coche pour savoir où tu te situes face à chaque caractéristique: du côté négatif ou positif.

NÉGATIF	POSITIF
ORGUEIL	HUMILITÉ
RATIONALISATION	RÉALITÉ
ÉGOÏSME	PARTAGE
INTOLÉRANCE	TOLÉRANCE
TEMPORISATION	AUJOURD'HUI
RESSENTIMENT	PARDON
IMPATIENCE	PATIENCE
PERFECTIONNISME	LIMITES
MALHONNÊTETÉ	HONNÊTETÉ
DÉPENDANCE	AUTONOMIE
SUSCEPTIBILITÉ	RÉALITÉ
APITOIEMENT	DÉDRAMATISATION
MASQUES	AUTHENTICITÉ
PEUR	CONFIANCE
ENVIE	BÉNÉDICTION
DÉPRIME	OPTIMISME
ÉGOCENTRISME	GÉNÉROSITÉ

CONCLUSIONS SUR LE TEST

→ Si tu te retrouves du côté positif pour la plupart de ces attitudes, continue à cheminer et à améliorer les quelques éléments que tu aimerais changer.

→ Si tu te retrouves du côté négatif pour la plupart de ces attitudes, je te suggère de t'engager à changer ta vie pour le mieux. Quand on comprend un comportement, on dit qu'il est à moitié amélioré.

Par exemple, si tu es une personne susceptible, tu dois prendre conscience de ce comportement que tu souhaites changer pour devenir plus calme et réaliste, et y travailler chaque jour.

Refais ce test chaque jour pendant les prochains 30 jours afin de constater ton amélioration.

L'HISTOIRE DE MARIE-CHANTAL

MARIE-CHANTAL TOUPIN

Aussi loin qu'elle puisse se rappeler, Marie-Chantal Toupin chante. Elle a toujours eu en tête ce rêve bien précis, elle voulait ressembler à ses idoles : Nathalie Simard, Ginette Reno, Mireille Mathieu et Céline Dion. À l'âge de 6 ans, elle savait déjà qu'elle voulait devenir chanteuse et elle ne manquait jamais une occasion de présenter son spectacle, si bien qu'à 7 ans, elle se produit déjà dans les cabarets (eh oui!)!

Élevée dans un milieu modeste, Marie-Chantal a connu une enfance difficile; rien pour faciliter ce chemin de star. À 16 ans, son père meurt dans ses bras, foudroyé par une crise cardiaque. Elle doit quitter l'école et travailler pour subvenir aux besoins de sa famille. Elle s'éloigne momentanément de la chanson, mais la vie la ramène à son rêve.

Marie-Chantal est tout le contraire d'une victime. Malgré les nombreuses épreuves de sa vie, elle a appris à dédramatiser, à compter sur elle-même pour s'en sortir, et surtout à garder le feu sacré pour conquérir le public québécois.

L'ALBUM CD
DE MARIE-CHANTAL TOUPIN

Peu de temps après le lancement de son premier album, déçue et ployant sous les jugements et les critiques négatives des médias, elle est venue vivre la conférence de *La Renaissance*. Cela lui a permis de passer à travers une étape cruciale de sa vie. Elle y a trouvé des outils qui lui ont permis de retrouver l'énergie afin de poursuivre son rêve. Elle a compris que pour devenir une vedette, «il faut faire parler de soi, en bien ou en mal».

Confiante et optimiste, Marie-Chantal a ensuite mis ses plans à exécution. À l'automne 2000, en pleine possession de ses moyens et fougueuse comme pas une, cette «rockeuse» a enfin réalisé l'album dont elle rêvait.

Sa maturité et ses expériences ont fait de Marie-Chantal une femme authentique qui n'a certainement pas fini d'étonner et d'éblouir son public. Elle s'est faite la propre architecte de son avenir qu'on sait aujourd'hui très prometteur.

ÊTRE VRAI

Ne te laisse pas tromper par mon humour, par mon sourire et par mon charme, car je porte mille masques.

Faire semblant est devenu une seconde nature pour moi et j'en suis las. Je donne l'impression d'être sûr de moi, que mon nom est confiance, et que tout est beau et rose à l'intérieur de mon cœur, mais de grâce, ne te laisse pas tromper encore une fois.

Ma surface paraît belle, mais elle n'est pourtant qu'un masque. Dessous se trouve le vrai moi, confus, craintif et seul, mais je ne veux pas qu'on le sache. Je tremble à la pensée que mes faiblesses seront exposées devant ce groupe ici aujourd'hui, car je ne veux pas avoir honte encore une fois.

Je suis fatigué de me cacher et de ne rien dire de ce qui pleure en moi. Quand je joue mon jeu, ne te laisse pas tromper par ce que je dis, mais essaie plutôt d'entendre ce que je ne dis pas.

Je veux apprendre à m'aimer et à être vrai dans ma vie, même si parfois c'est la dernière chose que je semble vouloir. Je suis exténué de courir et je t'en prie, réveille-moi.

Septième leçon

Dédramatiser

Certaines personnes vivent constamment dans des tourbillons de problèmes et j'en soupçonne même de s'en créer, quand ils ont l'impression de ne pas en avoir assez. Ces gens sont constamment bouleversés, le cœur en émoi, tout à l'envers.

Accepte que la vie est un défi constant à surmonter et qu'il est donc normal de vivre des situations plus ou moins plaisantes. Au lieu de te surprendre qu'une épreuve arrive dans ta vie, accepte la souffrance qu'elle entraîne pour grandir et apprendre. Admets les déceptions passagères, dis-toi que «ça aussi va passer». Cela te permettra de garder espoir pour un avenir meilleur.

N'oublie pas lorsque tu vis des émotions intenses – qu'elles soient positives ou négatives – il peut t'arriver de perdre toute logique. Comme je l'ai mentionné plus tôt, les prisons et les hôpitaux sont remplis de gens qui n'ont pas réussi à gérer leurs émotions après une rupture d'amour. Plusieurs suicides aussi sont la conséquence d'émotions mal gérées.

Et ce phénomène peut se produire même à l'occasion d'événements heureux. Par exemple, cette femme qui laisse tomber sa carrière, ses amis et change de coin de pays pour aller rejoindre la nouvelle flamme qu'elle a rencontrée deux semaines auparavant. Le fait qu'elle se sente soudain si heureuse peut la rendre instable et illogique, même si ses comportements habituels sont plutôt motivés par la raison.

Vérifie si tu préfères avoir des drames à raconter aux autres ou plutôt de beaux événements. Si les drames t'intéressent, tu seras plus porté à amplifier ce qui t'arrive pour attirer l'attention et peut-être même la pitié. Tu trouveras peut-être difficile d'apprendre à minimiser ce qui survient dans ta vie. N'oublie pas cependant que de parler de ta souffrance trop souvent entretient ton mal intérieur.

Une dame me racontait un jour qu'après avoir terminé de réciter sa litanie de problèmes à une autre dame, cette dernière lui a tout simplement répliqué, après l'avoir écoutée sans l'interrompre: «Tu sais, ma chère, quand tu racontes tes problèmes à d'autres, 50 % d'entre eux s'en fichent totalement et 50 % sont contents que tu les aies!!!» Alors, rappelle-toi de cette histoire avant de te plaindre.

CONTRÔLE TES PENSÉES

Il est prouvé qu'on ne peut avoir qu'une seule pensée à la fois. Donc, si tes pensées te font mal, si elles t'apportent de la souffrance, apprends à les immobiliser et à les changer en pensées plus positives qui, elles, te procureront un bien-être intérieur. Un de mes amis utilise une technique infaillible pour lui: lorsqu'il est assailli de pensées non désirables, il se met à chanter. Essaie de chanter, de te souvenir des paroles et de ressasser tes pensées négatives en même temps: c'est impossible!

Beaucoup de gens croient que les maladies sont héréditaires seulement sur le plan physique ou physiologique. Ce sont aussi les pensées et les comportements qui sont héréditaires, et qui, en conséquence, attirent les mêmes maladies dans une famille. Par le passé, j'ai aidé une amie qui avait tendance à s'apitoyer sur son sort et dont l'état d'âme était dépressif. Sa situation s'est nettement améliorée lorsqu'elle s'est éloignée de sa mère qui adoptait ces mêmes comportements depuis très longtemps.

Voici trois moyens efficaces pour arriver à dédramatiser les événements de ta vie soit: le sens de l'humour, la respiration et le repos.

LE SENS DE L'HUMOUR

Rire de soi-même est une preuve de santé mentale. Avoir le sens de l'humour permet d'être en meilleure santé. En effet, le rire développe des anticorps. Certains médecins en Europe suggèrent comme traitement à leurs patients d'assister à des spectacles d'humour. Il semble que 15 minutes de rire équivaut à 3 heures de sommeil. Norman Cousins, un Américain, s'est soigné d'un cancer par le rire et aujourd'hui, il fait des conférences pour expliquer ce phénomène guérisseur.

Si jamais tu as blessé quelqu'un sans le vouloir ou encore si tu as fait une gaffe, pourquoi ne pas en rire et détendre l'atmosphère au lieu d'amplifier le malaise?

J'ai une copine, Julie, qui a un surplus de poids. Nous sommes allés à un spectacle ensemble et elle ne pouvait pas entrer dans le siège, l'espace étant trop étroit pour elle. Les gens autour s'impatientaient et ils lui demandaient de s'asseoir. Elle s'est esclaffée de rire en leur disant: «Je ne peux pas entrer dans le siège». Voilà tout un sens de l'humour et un bel exemple d'acceptation de soi.

Cela me rappelle le dicton: «Si tu ne vaux pas une risée, tu ne vaux pas grand-chose».

LA RESPIRATION

Quand un événement subit ou déplaisant se présente dans ta vie, apprends à respirer en profondeur. D'ailleurs, l'expression populaire: «Respire par le nez» pourrait te servir dans ces moments stressants. À travers la respiration profonde, tu peux retrouver ton centre d'énergie et ton équilibre et d'autant plus lors de situations déstabilisantes.

Il y a certaines personnes qui vont au Tibet pour améliorer leur bien-être intérieur. Ce qu'ils y apprennent en partie, c'est la façon de bien respirer. Il est très important de bien inspirer par le nez et d'expirer par la bouche pour bien oxygéner ton système sanguin.

J'ai remarqué que les dépressifs ne respirent pas beaucoup, du moins juste ce qu'il faut pour laisser passer un peu d'oxygène dans leur système. À bien y penser, mal respirer c'est comme si on décidait de mettre de l'essence souillée dans son auto. Tu es sûrement d'accord avec moi que ce véhicule va finir tôt ou tard par mal fonctionner. Le même phénomène se produit dans ton corps. La respiration permet d'éclaircir les idées, d'avoir un meilleur jugement et de prendre des décisions plus éclairées.

L'importance de la respiration pour notre santé physique et mentale n'est pas assez connue, mais elle est indéniable; elle s'avère d'ailleurs une recette simple mais très efficace. Il y a en toi un coin aussi paisible qu'une mer calme: apprends à t'y retrouver quand il y a de la houle dans ta vie. T'entraîner à retrouver ta tranquillité d'esprit par la respiration te procure l'équilibre et la paix intérieure.

LE REPOS

T'est-il déjà arrivé de te coucher avec un problème à résoudre et de te réveiller le lendemain avec la solution? Comme on dit souvent: «La nuit porte conseil». Remarque que normalement, tu es toujours plus alerte après une bonne nuit de sommeil.

Si tu as une décision importante à prendre, fais-le le matin lorsque tu es frais et dispos. Par exemple, certains vont magasiner une automobile le soir et font un achat dont ils n'ont pas les moyens seulement parce qu'ils étaient trop fatigués pour réfléchir et faire preuve de bon jugement. La même logique s'applique dans nos relations de couple. Il serait plus profitable d'avoir des discussions sérieuses quand on est bien reposés. As-tu déjà entendu l'expression: «Je dors là-dessus»?

On dit qu'une vie équilibrée devrait être de huit heures de travail, huit heures de sommeil et huit heures de loisirs. Le plus important à ton bonheur est sans contredit les huit heures de sommeil. Notre corps a besoin de récupérer, de régénérer toutes nos cellules tant physiquement que mentalement. Donc, plus tu dors, plus tes idées et tes décisions seront plus justes et plus claires.

On peut passer des mois sans manger mais pas sans dormir. Le sommeil est tellement essentiel qu'il devient même une arme en situations de guerre. En effet, on ne torture plus l'ennemi aujourd'hui, on l'empêche de dormir pour le faire parler et cela s'avère très efficace.

Certains pensent que «dormir, c'est du temps perdu» parce qu'ils préfèrent être actifs et bouger. Les gens brûlent souvent la chandelle par les deux bouts; ils s'usent sans s'en rendre compte. Puis, quand un événement surgit dans leur vie, ils réagissent parfois mal parce qu'il ne leur reste pas suffisamment d'énergie pour passer au travers de ces événements.

LA CRÉATIVITÉ

Aimerais-tu te sortir plus facilement de tes problèmes? Sois créatif! Faire preuve de créativité te servira à dédramatiser, car tu envisageras ainsi plusieurs possibilités au lieu de rester accroché au problème. Alors, dans les moments de souffrance, tu pourras trouver une nouvelle façon de voir ou de dire les choses. Il y a des gens qui baignent et même marinent depuis 30 ou 40 ans dans les mêmes situations problématiques. Ont-ils vraiment cherché une solution?

Un jour, une voisine me demande de l'aider parce qu'elle avait un «sérieux» problème avec sa rallonge électrique trop courte pour brancher son auto pendant la saison hivernale. J'accepte. Après avoir observé la situation avec détachement, je lui ai tout simplement suggéré d'avancer son auto d'un mètre pour se rapprocher de la prise électrique. Cette personne manquait tellement d'initiative et de créativité qu'elle ne voyait pas la solution qui était fort simple et évidente. Quand tu es créatif, tu vois plein de solutions, peu importe l'ampleur du problème.

Huitième leçon

Le deuil

Vivre un deuil, c'est passer au travers d'étapes normales suite à une perte. C'est surtout un processus de guérison mais qui n'est pas strictement relié à un décès, comme plusieurs ont tendance à le croire. C'est pourquoi on dit qu'une personne a un «deuil à vivre» aussitôt qu'elle est blessée par une perte ou une épreuve de la vie.

Par exemple, on vit un deuil lors d'un voyage annulé, d'une rupture amoureuse, de la fin d'une amitié, ou encore d'une perte d'emploi; de même à la disparition de son animal de compagnie ou au vol d'objets précieux suite au cambriolage de notre maison, etc.

De fait, tout ce qui est ressenti comme une perte devrait passer par ce processus de guérison – qui est de «vivre son deuil» –, ce qui évite de laisser s'éterniser des émotions négatives mal gérées.

LES CINQ ÉTAPES DU DEUIL

Suite à un deuil, voici les cinq étapes que tu auras à vivre pour parvenir à en guérir:

1. La négation;
2. La colère;
3. La tristesse;
4. L'acceptation;
5. La renaissance.

1. LA NÉGATION

À cette étape, on ne veut pas croire ou même voir notre perte. Dans certains cas, les gens qui refusent d'admettre que cette perte est bien réelle peuvent développer des maladies mentales, dont la perte en question est l'élément déclencheur. Combien de fois j'ai entendu, dans mes fonctions de policier, ces exclamations de négation en annonçant le décès d'une personne à sa famille: «Non, non, ce n'est pas vrai!!! Dis-moi que ce n'est pas vrai!!! Je ne te crois pas...!!!» Mais la réalité est pourtant si souvent brutale.

2. LA COLÈRE

À cette phase, on est en colère contre tout le monde: le bon Dieu, nous-même, la personne qui nous a quitté et même la personne décédée. Dans ces conditions, il peut s'avérer difficile d'être en relation d'amour avec une personne qui vit un deuil. Je vous suggère de lui témoigner beaucoup de compassion et d'amour.

3. LA TRISTESSE

C'est l'étape où on a pris conscience de notre perte et on en ressent pleinement le mal émotionnel, la tristesse nous habite et une certaine forme de déprime aussi. Parfois on peut perdre le goût de toute activité, l'appétit, notre désir de travailler et on peut même devenir antisocial.

On voit parfois des gens demeurer dans leur lit une bonne partie de la journée souffrant en paix, à cette phase du deuil. Il importe vraiment de parler de notre souffrance à quelqu'un et de s'entourer de personnes empathiques pour éviter de sombrer dans une dépression profonde.

4. L'ACCEPTATION

C'est seulement après avoir vécu toute la gamme de nos émotions que l'on peut vraiment franchir cette nouvelle étape d'admettre notre perte. On réalise alors qu'on doit nager avec le courant de la vie, et surtout, que la vie continue. On ressent une certaine sérénité intérieure et finalement l'on *«accepte ce que l'on ne peut pas changer»*.

5. LA RENAISSANCE

Ici, on a de nouveau le vent dans les voiles et on continue de vivre en estimant maintenant que cette épreuve fait partie de notre passé. Puis enfin on se permet d'être heureux à nouveau et de sourire à la vie. On considère cette épreuve comme une expérience qu'on avait à vivre et d'où on en est sorti finalement grandi.

Même après l'acceptation d'un deuil, il est normal que l'on puisse revivre encore à l'occasion certaines souffrances qui nous ramènent encore une fois à certaines autres étapes du deuil. Par exemple, le premier Noël vécu sans ton père après sa mort peut raviver ta tristesse ou ton ennui; ou de rencontrer ton ex-conjoint avec sa nouvelle copine peut ranimer ta colère.

Quand cela se produit, il est important de te parler positivement et de garder les deux pieds bien sur terre. En peu de temps, tout devrait rentrer dans l'ordre.

RÉFLEXIONS SUR TES PERTES

Je te propose une autre technique pour t'aider suite à un décès, demande-toi ceci: «Si les rôles étaient inversés et que ce soit toi qui es mort, voudrais-tu que les gens laissés derrière toi sur terre vivent heureux?» Ta réponse est fort probablement affirmative. Alors, permets-toi d'être heureux.

Pour t'aider suite à une rupture d'amour ou d'amitié, pose-toi cette question: «Veux-tu vraiment être en compagnie de quelqu'un qui ne désire pas être avec toi?» À mon avis, il vaut sans doute mieux que tu sois seul plutôt que mal accompagné, qu'en penses-tu?

Pour chacun de nous, la vie est remplie de gains et de pertes que l'on doit gérer à chaque jour sinon on risque de perdre notre équilibre, et ce, pour une bonne partie de notre vie. Ce que j'apprécie chez quelqu'un qui est fort intérieurement c'est que, même dans les épreuves de la vie, il reste équilibré malgré sa souffrance. Il sait qu'il a mal, mais il sait aussi que cela va passer.

EXERCICE DE LIBÉRATION DU DEUIL

Voici un exercice à réaliser qui va te servir à vivre un deuil et à libérer certaines émotions refoulées.

Je te suggère de choisir l'exercice en fonction de la perte que tu vis actuellement afin de te détacher du mal émotionnel qui affecte ton équilibre. Par exemple:

- écris une lettre d'amour à la personne décédée;
- écris une lettre de rage au voleur qui est entré chez toi;
- écris une lettre au patron qui t'a congédié;

- écris une lettre de ressentiment à ton ex-conjoint;
- écris une lettre à un ami qui t'a blessé.

Ensuite, je te conseille de lire ta ou tes lettres à haute voix, seul ou en présence de quelqu'un en qui tu as confiance pour libérer tes émotions refoulées.

Puis, brûle cette lettre afin de couper complètement avec ton passé et de lâcher prise. Dans le cas d'un décès, il est parfois très libérateur de lire ta lettre d'amour dans l'église lors du service ou au cimetière.

Suite à cela, je te suggère aussi de t'écrire une lettre positive pour t'encourager à continuer ta vie dans l'équilibre intérieur. Après l'avoir lue à haute voix, préserve cette lettre et garde-la bien en vue pour créer un ancrage et pour rafraîchir ta mémoire d'une manière positive.

QU'ARRIVE-T-IL APRÈS LA MORT?

Herb et Mary Montgomery *

N'oublions pas l'ordre naturel de ce monde. La rivière devient océan. La graine devient plante. La chenille devient papillon. Si seulement on éveillait nos sens! L'ordre du monde est à notre portée pour être perçu. Le but de la vie pour être découvert. La transformation de notre existence pour être expérimentée.

Au fond d'un vieux marécage, vivaient quelques larves qui ne pouvaient comprendre pourquoi aucune du groupe ne revenait après avoir rampé au long des tiges des lys jusqu'à la surface de l'eau. Elles se promirent l'une à l'autre que la prochaine qui serait appelée à monter reviendrait dire aux autres ce qui lui était arrivé.

Bientôt, l'une d'entre elles se sentit poussée de façon irrésistible à gagner la surface. Elle se reposa au sommet d'une feuille de lys et elle subit une magnifique transformation qui fit d'elle une libellule avec de fort jolies ailes. Elle essaya en vain de tenir sa promesse. Volant d'un bout à l'autre du marais, elle voyait bien ses amies endessous. Alors, elle comprit que, même si elles avaient pu la voir, elles ne l'auraient pas reconnue comme une des leurs, une créature si radieuse.

Le fait que nous ne pouvons voir nos pairs ou communiquer avec eux après la transformation que nous appelons la mort n'est pas une preuve qu'ils ont cessé d'exister.

---

* *Par-delà la tristesse*, réflexions sur la mort et la douleur.

Neuvième leçon

Bien communiquer

On dit souvent que le temps arrange les choses, mais c'est loin d'être vrai quand il est question d'émotions. Si deux personnes essaient de communiquer et que l'une ou l'autre est renfermée, mais que toutes deux débordent d'émotions contradictoires, comment parviendront-elles à communiquer, à se dire ce qu'elles ont sur le cœur tout en étant vraies? C'est quasi impossible, car les autres ne peuvent deviner nos pensées et nos émotions. Si on ne s'exprime pas clairement, cela ne peut sûrement pas arranger la discussion.

Tôt ou tard, les problèmes de communication peuvent te rendre malade. Tu dois apprendre à être direct, à dire les choses comme elles sont, simplement et avec respect. Pour ce faire, il faut d'abord se comprendre soi-même pour en arriver à identifier nos sentiments avant de les exprimer clairement.

Chose certaine, quand on a de la difficulté à s'exprimer franchement et directement, il n'est probablement pas facile non plus de se faire respecter des autres et d'arriver à dire non.

LES HOMMES, LES FEMMES
ET LA COMMUNICATION

Sans vouloir entrer trop profondément dans les détails, tu as sûrement remarqué que les hommes et les femmes communiquent différemment. À la base, ils sont différents dans le fonctionnement même de leur cerveau.

En général, les hommes réfléchissent intérieurement et ensuite communiquent leurs désirs tandis que plus souvent, les femmes pensent en parlant. En termes de communication, les femmes veulent plus de détails alors que les hommes préfèrent aller plus directement au but. La plupart du temps, lorsqu'une femme demande à un homme s'il veut s'exprimer, c'est habituellement parce que c'est elle-même qui a besoin de parler.

Lorsqu'ils sont fâchés, les hommes vont lancer des paroles blessantes qu'ils vont souvent regretter, alors que les femmes, sur le coup de la colère, seront capables de prendre de meilleures décisions.

DIS CE QUE TU RESSENS

Apprends à dire les vrais mots qui traduisent ta pensée et tes émotions. Au lieu de te plaindre que ton conjoint fait trop de temps supplémentaire à son travail, pourquoi ne pas lui dire simplement que tu t'ennuies si cela reflète vraiment ce que tu ressens?

En communication, il ne faut pas croire que ce que l'on sait, tout le monde le sait déjà, car inévitablement, cette façon de voir peut, en un rien de temps, envenimer les relations d'amitié ou d'amour.

Pour démontrer les conséquences du non-dit dans les communications, je raconte souvent cette anecdote. C'est l'histoire de trois frères matérialistes et riches qui veulent offrir un cadeau d'anniversaire à leur vieille mère dans le but de l'impressionner. Le premier lui offre une automobile de grand luxe, le deuxième lui fait cadeau d'une maison dans un quartier chic et huppé et le troisième, cherchant à rivaliser avec ses frères, achète un perroquet très rare et très dispendieux qu'il fait dresser afin qu'il puisse réciter tous les versets de la Bible et plaire ainsi à sa mère, une fervente croyante.

Quelque temps plus tard, le troisième fils téléphone à sa mère et lui demande si elle a apprécié les cadeaux qu'on lui a offerts. Elle lui répond: «Je suis trop vieille pour conduire une si grosse auto, comme je suis seule, la maison est beaucoup trop grande pour moi, mais le poulet était très bon.» Et quelle est la morale de cette histoire: Ne tiens jamais pour acquis que ce que tu sais, les autres le savent déjà.

SOIS À L'ÉCOUTE

On fait preuve de santé mentale et de paix intérieure quand on est capable d'écouter des critiques constructives sans être constamment sur la défensive. Plus la critique te touche ou t'insulte, plus elle est vraie. Si une critique te blesse, rappelle-toi que l'émotion, c'est l'admission involontaire de la vérité: voilà donc une occasion d'approfondir ce qui se passe en toi.

Écouter, c'est sans doute une activité très difficile pour une grande majorité d'entre nous. Il semble que cela prend cinq fois plus d'énergie pour écouter que pour parler. Par exemple, quand on demande à quelqu'un quelle direction il faut prendre pour tel trajet et que sitôt revenu à son automobile on est aussi perdu qu'avant d'avoir posé la question, cela prouve qu'on n'écoute pas vraiment bien.

Tu vas grandement contribuer à la qualité de tes relations en améliorant ta capacité d'écoute. L'écoute, c'est d'abord une question d'attitude, d'accueil, de respect et d'amour. On écoute mieux les personnes que l'on respecte. Ce n'est pas d'abord avec les oreilles qu'on écoute, mais avec le cœur; sinon, on risque de ne pas saisir l'essentiel et même de ne rien comprendre.

Essaie vraiment de pratiquer l'écoute, en étant attentif à l'autre, sans penser à ce que tu vas lui répondre avant qu'il n'ait fini de parler. Efforce-toi de comprendre ses gestes, de saisir ses émotions au-delà des mots, et pose-lui des questions pour approfondir ce qu'il te dit, pour mieux LE comprendre. Tu verras, tes communications en général en seront forcément meilleures.

Lors de nouvelles rencontres ou d'une entrevue, porte bien attention pour retenir les noms de ces nouvelles personnes. Pour chacune d'entre elles, son nom est important; alors sois bien à l'écoute et tu verras là aussi à quel point cela favorisera de meilleurs liens.

Dixième leçon

L'art de donner

Chacun peut donner, même s'il est pauvre. Encore faut-il comprendre ce qu'est le don. D'ailleurs, je répète souvent qu'il faut apprendre aux pauvres à donner et aux riches à recevoir, et ce, autant en amour qu'en affaires. À mon avis, un riche, c'est un pauvre qui n'a jamais cessé de donner.

Lors d'une conférence, une jeune fille disposait de si peu de revenus qu'elle avait même de la difficulté à se payer une épicerie. Cela ne l'a pas empêchée de donner un billet de 10 $ à Eduardo, un homme d'affaires très à l'aise financièrement, afin qu'il s'offre un repas. Ce geste gratuit l'a tellement impressionné et l'a si profondément touché qu'il s'est mis à pleurer et qu'il a conservé précieusement ce 10 $ dans son portefeuille en souvenir. Les gens riches ont de la difficulté à recevoir et pour preuve, il a fallu beaucoup de temps à Eduardo avant qu'il dépense cet argent

LA LOI DU RETOUR

Aussi élémentaire que cela puisse être, la loi du retour signifie simplement: «On récolte ce que l'on sème».

Tu as sûrement déjà entendu le dicton qui dit: «*Si tu craches en l'air, ça te retombera sur le nez*» ou encore: «*Quand tu pointes quelqu'un du doigt, aussitôt trois autres doigts se pointent vers toi.*» Par conséquent, ce que tu sèmes dans la vie te revient en abondance. Ce qui est important, ce sont les semences d'aujourd'hui et non les récoltes de demain. Pourquoi ne pas faire plaisir à une personne chaque jour de ta vie?

Michel Carrière a souvent eu des problèmes d'argent dans le passé. Après avoir assisté à la conférence de *La Renaissance*, il me confie vouloir en faire profiter quelqu'un d'autre et défrayer pour cette personne le prix d'une session, seulement pour le plaisir de donner. Je lui ai donc présenté une jeune fille qui n'avait pas d'argent et à qui il a offert le coût de l'atelier.

Michel est venu me voir avec fierté tout heureux d'avoir donné pour une rare fois dans sa vie. Je l'ai étreint et je lui ai dit qu'un jour, la loi du retour le

MICHEL CARRIÈRE

récompenserait au centuple. Quelque temps plus tard, j'ai vu sa photo dans le journal. Il avait gagné près d'un demi-million de dollars à la loterie, plus exactement 421 420, 20 $!

Même si tu n'as pas d'argent à donner, l'amour est toujours à ta portée et c'est de toute façon le cadeau le plus valable à offrir.

LE RÊVE DE PAUL

PAUL GUINDON

Lors d'une autre conférence, Paul Guindon, un participant de 46 ans, nous racontait que, depuis son enfance, il rêvait de devenir policier. Il éprouvait beaucoup de tristesse car son rêve ne pourrait jamais se réaliser puisqu'il était affecté d'un certain handicap physique. J'ai demandé à Paul les raisons pour lesquelles il voulait devenir policier et il m'a répondu qu'il aimait aider les gens.

Par la suite, j'ai proposé à Paul de devenir membre de mon équipe d'intervenants pour qu'il puisse en partie réaliser son rêve. Je lui ai fait comprendre qu'à partir de ce moment-là, il aiderait probablement plus de gens à *La Renaissance* en tant qu'intervenant qu'il ne l'aurait jamais fait dans toute une carrière de policier.

À l'occasion d'une autre conférence, j'ai demandé à Paul de venir en avant du groupe et je lui ai remis l'insigne que je portais lorsque j'occupais le poste de policier. Il a beaucoup apprécié ce geste. Ensuite, Paul a eu la surprise de sa vie quand un policier est entré dans la salle et lui a proposé d'aller en patrouille avec lui. Le policier lui a alors offert une chemise de policier et, très ému, Paul est parti en patrouille. Exprimer son rêve lui a tout de même permis de vivre ce moment de bonheur exceptionnel.

Aujourd'hui, Paul est en charge de la sécurité lors des spectacles de *La Renaissance* auxquels assistent des milliers de personnes. Dans son équipe, sous sa responsabilité, il compte de nombreux policiers... comme quoi la vie peut vraiment bien faire les choses.

LA PETITE SIRÈNE

Quand j'étais enfant, j'ai toujours trouvé du bonheur à me baigner dans l'eau.

Souvent, je me croyais un poisson et je savais apprécier la paix qui existait, submergée en-dessous de l'eau.

C'était comme une évasion à mes problèmes, et encore aujourd'hui, j'ai besoin d'une certaine évasion face aux défis de ma vie.

J'ai toujours rêvé qu'un jour mon père me sorte de l'eau et me dise: «Je t'aime, ma petite sirène».

Cela ne s'est jamais produit car mon père n'a jamais su exprimer ses émotions d'amour envers moi.

Si, un jour, je vois une petite sirène avec le cœur brisé, je lui donnerai mon amour.

Onzième leçon

Persévérer

Persévérer signifie ne pas lâcher. Sais-tu quelle est la différence entre un succès et un échec? C'est simple: une journée de plus, une décision de plus, un petit pas de plus. Efface les mots échec ou faillite de ton vocabulaire... et fais un pas de plus, pose un geste de plus.

Tu vis des échecs? Tu éprouves des souffrances physiques ou intérieures? Tout le monde en a: cela fait partie de la vie. Pour ma part, j'ai appris à considérer ces souffrances comme des petits cadeaux dans ma vie. Tout récemment, j'ai été affligé d'une grippe musculaire qui a pris mon corps d'assaut. Mais tout bien considéré, cette grippe a été pour moi un cadeau que m'envoyait la vie pour me faire comprendre que je devais absolument prendre du repos.

Chaque événement qui te semble négatif peut être envisagé sous un autre angle et peut même servir pour te donner une leçon de vie à propos de toi ou de la vie en général. Réalise que même si pour le moment ça va mal, c'est temporaire. D'ailleurs, mieux vaut essayer et échouer que de ne rien tenter!

Sois patient! L'impatience est mauvaise conscillère: le temps travaille en ta faveur mais il te faut aussi mettre l'épaule à la roue par toi-même en maîtrisant ton impatience et en évitant surtout de renoncer avant d'avoir atteint ton but. L'important n'est pas simplement de passer à l'action, mais bien de rester dans l'action.

Se prendre en main pour retrouver cet équilibre trop longtemps oublié est une action décisive dans l'histoire de ta vie. La persévérance paie quand on prend le temps de bien faire les choses.

LES GRENOUILLES

Un jour, deux grenouilles tombent dans un contenant de crème. Elles se mettent à nager pour ne pas se noyer bien sûr, elles se débattent et travaillent si fort pour sortir de là qu'elles sont au bord de l'épuisement. L'une d'elles, découragée, au bout de ses forces, se désespère tandis que l'autre grenouille l'encourage tant bien que mal: «Ne lâche pas, on va s'en sortir!» Mais la première est incapable de persévérer davantage et elle se noie. L'autre, exténuée, continue sans cesse de nager en rond, poussée par l'énergie du désespoir, jusqu'à tomber de fatigue extrême. On la retrouve le lendemain matin... endormie sur le dessus du pot de beurre.

Poursuivons dans cette même veine de la volonté et du courage.

GENEVIÈVE,
UNE HISTOIRE DE COURAGE

Le 24 juin 2000, Geneviève Lee est victime d'un accident de la route alors qu'elle est au volant de sa motocyclette. Cet accident impitoyable lui inflige de nombreuses et de sérieuses blessures : fractures de la jambe droite, des côtes, du bassin, du dos, et du pouce, mais bien pire encore, on doit lui amputer la jambe gauche. Elle a 38 ans.

Un an auparavant, Geneviève avait suivi la conférence de *La Renaissance*, car elle cherchait des outils pour prendre sa vie en main et surtout pour voir la vie différemment. Ses relations interpersonnelles n'allaient pas du tout : elle était devenue une personne dure, incapable de voir le moindre aspect positif chez les gens, tant et si bien que ses amis et ses parents s'éloignaient de plus en plus d'elle.

GENEVIÈVE LEE

Puis, est survenu cet accident terrible où Geneviève a fait preuve d'un courage remarquable et d'une attitude positive étonnante en acceptant la situation et en surmontant cette grande épreuve.

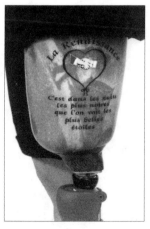

Elle m'a écrit un mot de gratitude parce que, selon elle, grâce à *La Renaissance*, elle avait vraiment acquis les outils nécessaires pour mieux vivre et accepter les changements soudains de sa vie et pour discerner le bon et le positif de chaque nouvelle expérience. C'est probablement pour cette raison qu'elle a fait inscrire sur sa jambe artificielle: *La Renais-sance, c'est dans les nuits les plus noires que l'on voit les plus belles étoiles.*

J'ai visité Geneviève sur son lit d'hôpital et je lui ai offert de la ramener un jour en moto quand elle sera prête à vaincre ses peurs (eh oui, la vie continue!). Quel-ques mois plus tard, elle venait me rencontrer en mar-chant avec sa nouvelle jambe et m'a confié en souriant qu'elle avait hâte de retourner avec moi en moto, l'été prochain. Voilà une femme vraiment courageuse, déter-minée à relever un défi de taille.

« C'EST DANS LES NUITS LES PLUS NOIRES QUE L'ON VOIT LES PLUS BELLES ÉTOILES! »

EFFACE LES ÉCHECS DE TA MÉMOIRE

Efface les mots échec ou faillite de ta mémoire: tes échecs du passé ne sont pas garants de ton futur. Dans cet ordre d'idées, tu as peut-être entendu parler de Babe Ruth, un grand joueur de baseball; il a été le meilleur marqueur de buts de son époque, mais sais-tu qu'il dé-tient aussi le record des retraits au bâton? C'est inévi-table que tu fasses des erreurs dans la vie. Cesse de repenser à tes défaites et ravive plutôt ta mémoire avec les bons coups que tu as réalisés.

SOIS AFFIRMATIF

Quand on cherche à s'améliorer, les changements sont rarement instantanés, ils se réalisent petit à petit, et parfois à un rythme tellement lent qu'on ne s'en rend même pas compte. Si tu ressens du découragement, au lieu de te remettre en question ou de te plaindre, adopte une attitude affirmative. Répète-toi des choses du genre:

- «Une partie de moi connaît la réponse»;
- «Je fais confiance à mon désir de progresser»;
- «Je trouve ma voie en avançant calmement»; ou encore
- «La solution à mes difficultés est déjà en marche».

Ce faisant, tu diminueras ton sentiment de frustration et tu permettras à ton énergie de «re-naissance» d'entrer dans ta vie et d'agir. Mais il faut d'abord que tu fasses confiance à la vie si tu veux qu'elle te donne en retour.

LA DISCIPLINE

Le jour où tu décides de faire des changements importants dans ta vie, que ce soit un ménage intérieur, de développer de nouvelles attitudes ou de vivre ta passion, tu dois te donner les moyens de réaliser ces changements dans ton comportement. Pour atteindre ces objectifs, tu as besoin d'une bonne dose de discipline et de patience.

Être discipliné, c'est mettre de l'ordre dans ta vie. On accepte et on se permet d'avoir mal temporairement en sachant que c'est pour le mieux... et qu'on l'appréciera plus tard. Le même principe s'applique si tu décides de quitter un partenaire avec qui tu vis une relation toxique qui affecte ton équilibre. Bien sûr, au début, tu risques d'avoir mal, mais tu dois garder continuellement ton objectif en tête: celui d'être bien dans ta peau et de vivre une relation équilibrée.

Rappelle-toi que, pour parvenir à la victoire olympique, même un athlète se prive. Il doit sacrifier plusieurs aspects de sa vie et laisser tomber des activités épanouissantes pour se consacrer à son but, mais en même temps, il sait très bien ce qu'il veut atteindre!

Si tu te disciplines, tu avanceras progressivement avec ténacité: le temps prend ici toute son importance. Si tu t'efforces chaque jour d'agir de la même façon avec optimisme et avec la volonté d'être tenace et assidu dans tes démarches, tu as alors les clés nécessaires pour établir cette fameuse discipline essentielle à ton cheminement. En d'autres mots, la discipline s'acquiert par la répétition de nouvelles habitudes jusqu'à ce qu'elles deviennent de nouveaux réflexes.

Pour adopter et conserver un mode de vie sain, cela exige une bonne discipline personnelle. Et je t'assure qu'il en faut pour suivre une diète, pour cesser de fumer, arrêter de prendre de l'alcool ou de se droguer, et pour payer ses dettes, entre autres. Ces victoires sur toi-même t'encourageront ainsi à continuer de t'améliorer, sans compter que tu seras beaucoup plus heureux et équilibré.

LE COURAGE... ÇA EXISTE

Yolande Carrière

Intervenante de La Renaissance

Quand nous parlons de gens courageux, nous pensons souvent aux personnes qui ont risqué leur vie pour en sauver une autre d'un péril ou qui ont survécu suite à de grandes souffrances ou épreuves.

Selon la définition du dictionnaire, le mot «courage» se définit comme suit: bravoure et force de caractère pour vaincre des difficultés; énergie consacrée à une activité.

Souvent, nous entendons dire: «J'ai assez de peurs qui m'habitent que je manque de courage». Pourtant le courage existe pour nous permettre de surmonter nos peurs.

À quand remonte le jour où tu as consacré quelques minutes de ton temps pour compiler tes actions qui découlaient de ton courage? Permets-toi aujourd'hui d'ouvrir de nombreuses fenêtres qui te laisseront découvrir chez toi la puissance de cette qualité.

En ouvrant tes fenêtres intérieures, tu constateras que ça te prend beaucoup de courage pour:

- croire que les événements que tu qualifies de négatifs ont leur raison d'être;

- arrêter de te taper sur la tête et croire en ton potentiel;

- dire non à la manipulation des autres;

- faire respecter ton espace vital;

- laisser tomber les croyances qui t'empêchent d'être toi-même;
- pardonner aux personnes qui t'ont fait souffrir;
- exprimer clairement tes opinions sans craindre les critiques et les jugements des autres;
- prendre des décisions et passer à l'action;
- laisser tomber tes masques;
- assumer les conséquences de tes actes;
- accepter que tu es imparfait et que les autres aussi ont le droit d'être imparfaits;
- lâcher prise après avoir fait tout en ton pouvoir pour régler une situation;
- faire confiance à ta force intérieure;
- t'engager à actualiser tes projets et y consacrer les efforts pour parvenir au succès;
- dire non à ceux et celles qui veulent te culpabiliser pour te faire perdre ton pouvoir;
- prendre la décision d'abandonner une dépendance;
- arrêter d'être une victime du passé et te prendre en main;
- reconnaître que par tes pensées, tes paroles et tes émotions, tu crées tes expériences.

Quoique le courage déployé par les gens qui t'entourent exerce une certaine influence positive sur toi, il est grandement temps de prendre conscience de cette flamme qui n'attend que ton invitation pour laisser répandre sa lumière. Et grâce à cette *lumière de courage*, tu pourras continuer à t'engager sur la route qui mène à la découverte de la personne la plus importante pour toi: TOI!

Que serait notre monde si chacun et chacune se lançait le défi de vivre debout courageusement?

Douzième leçon

Le pardon

L'HISTOIRE DE ROBERT

Au début de septembre 1995, Robert Savoie venait de subir un choc cruel. Son père, âgé de 63 ans, avait été lâchement assassiné par des voleurs quelques jours auparavant, vers quatre heures du matin, au moment de cueillir les liasses de journaux qu'il allait livrer ensuite.

ROBERT SAVOIE

Comme bien d'autres aux prises avec une mort si tragique, la peine de Robert a vite cédé la place à une rage sourde, puis à une haine féroce des individus qui avaient enlevé la vie à son père à coups de pieds et à coups de poings pour lui arracher les quelques dollars qu'il avait en sa possession. Il revoyait constamment dans sa tête les meurtriers qui frappaient son père.

Quand Robert se couchait le soir, il était fou de rage. Il pensait à son père, à la façon dont on l'avait battu: il l'entendait crier. Parfois, il avait le goût de se lever et de tout casser dans la maison. Ces gars-là occupaient tout l'espace dans ses pensées, il en arrivait même à ne plus se souvenir de son père ni des bons moments passés avec lui. Il attendait seulement le jour où les bourreaux sortiraient de prison pour pouvoir se venger et leur faire subir le même traitement qu'ils avaient infligé à son père. Il en était rendu au point où il se haïssait tout autant qu'il haïssait ces gars-là. À cause de sa violence et de son agressivité, il a détruit beaucoup de choses autour de lui.

Après quatre années de haine destructrice, Robert se retrouvait dévasté, sa vie était complètement démolie à cause de ces bandits. C'est alors qu'une collègue de travail lui a parlé de *La Renaissance* qui pouvait aider les gens dans sa situation. Quelques jours plus tard, il assistait à cette conférence qui lui offrait les outils qui allaient changer sa vie.

Robert a vécu très intensément cette transformation émotionnelle. Lors de son témoignage, il a dit: «J'ai d'abord pris conscience du ressentiment, de la haine et de la vengeance que j'avais entretenus. Lorsqu'est venu le moment du pardon, je suis allé à la racine du problème. Je me suis dit que si j'avais droit au pardon, eux aussi avaient ce même droit.

«Je me suis demandé aussi pourquoi ces jeunes avaient tué mon père. J'avais déjà des réponses: ils avaient été élevés en foyer d'accueil; l'un d'eux avait été jeté dans le canal Rideau par son père à l'âge de deux ans. Il avait survécu à la tentative de meurtre intentée par son propre père. J'ai compris que ce gars-là était souffrant et qu'il y a du bon en chacun. Tu ne viens pas au monde meurtrier, tu le deviens».

À la fin de l'atelier du pardon, Robert a réussi à pardonner vraiment. Lui qui les a pourtant détestés avec une telle fureur, il est maintenant capable de souhaiter aux agresseurs de son père d'être bien avec eux-mêmes, pour qu'ils puissent améliorer leur sort et avoir une bonne vie. Mais surtout, Robert a retrouvé le goût de vivre, il sourit à la vie et s'investit dans de nouveaux projets et, en gage de reconnaissance à *La Renaissance*, il est devenu intervenant et partage son expérience vécue du pardon lors des conférences.

À mon avis, Robert est une source d'inspiration pour tous les gens aux prises avec la haine.

CE QU'EST LE PARDON

Après plusieurs années de conférences, j'ai pu constater que la majorité des gens n'ont jamais appris réellement ce que veut dire pardonner. J'ai rencontré tellement de gens qui souffraient physiquement et mentalement parce qu'ils retenaient intérieurement beaucoup de haine, de rancune et même un goût de vengeance dans leur cœur.

Ces gens n'ont jamais compris qu'aussitôt que tu nourris de la haine pour quelqu'un, tu deviens son esclave. Entretenir de la haine produit des effets très néfastes sur ta santé. D'ailleurs, de nombreuses maladies prennent leur source dans la colère, l'amertume ou d'autres émotions sournoises : les crises cardiaques et le cancer, entre autres.

Il faut que tu saches qu'une émotion comme la haine, c'est aussi de l'énergie en motion, et c'est toute une énergie, je t'assure. Si cette émotion t'a blessé quand elle est entrée dans ton cœur, attends-toi à avoir aussi mal quand elle sortira enfin, grâce au pardon. Laisse aller cette émotion librement et surtout ne cherche pas à la retenir volontairement. L'émotion de haine refoulée doit être totalement évacuée avant de pouvoir laisser toute la place à ta paix intérieure.

Le pardon est d'abord une action égoïste, car tu le fais pour toi seul, pour ton propre bien-être. Même si tu pardonnes aux gens souffrants qui t'ont blessé, tu ne leur donnes pas pour autant raison d'avoir agi ainsi. Pardonner signifie se détacher émotivement de quelqu'un ou d'un événement qui nous a blessé pour se permettre d'être bien avec soi-même. C'est un cadeau d'amour inconditionnel que tu te fais à toi-même.

Et puis cet acte ne se limite pas à dire simplement «je pardonne». C'est beaucoup plus que cela. Pour t'aider à imaginer ce concept, je donne souvent cette autre définition: pardonner c'est se défaire de son sac à dos rempli d'émotivité négative, c'est se décharger d'un poids trop lourd pour le remettre à ceux qui t'ont blessé. Pardonner c'est une affaire personnelle, intime, et tu n'as pas à informer les gens concernés que tu leur as pardonné.

Ne laisse pas le passé contrôler tes pensées et ton amour-propre dans le présent. Le pardon est la route la plus droite et la plus directe pour retrouver ton équilibre intérieur.

Tu dois comprendre d'abord que c'est à travers l'empathie qu'il peut être plus facile de pardonner. Une personne qui en blesse une autre est nécessairement une personne souffrante. Ne l'oublie pas. Imagine-toi dans ses souliers et tu comprendras peut-être mieux sa façon de raisonner et ce qui la pousse à agir ainsi.

Par exemple, je pense à mon père qui m'a longtemps dévalorisé et qui a consommé de l'alcool une bonne partie de sa vie sans jamais me dire qu'il m'aimait. Grâce à l'empathie, j'ai pu comprendre que cet homme avait grandi dans une famille dysfonctionnelle, souffrant d'un énorme manque de communication et d'amour et qu'il n'avait jamais appris à dire «je t'aime». Je me rappelle aussi que mon grand-père et tous mes oncles consommaient de l'alcool eux aussi. Mon père a simplement reproduit les comportements qu'il a enregistrés dans son inconscient, au cours de son enfance. Je ne peux pas le blâmer car je sais qu'il n'a pas connu mieux. Quand on réfléchit bien aux souffrances que les autres ont ressenties, il est toujours plus facile de pardonner.

Grâce à l'exercice du pardon, j'ai vécu personnellement de très beaux moments, lors de mes conférences. J'ai reçu comme participants des centaines de personnes que j'avais accusées de divers crimes, alors que j'étais policier. J'ai aidé aussi plusieurs collègues qui m'avaient dévalorisé par le passé et même des ex-copines qui m'avaient blessé. J'ai fait la paix avec eux et avec moi-même surtout.

Dans un cas en particulier, j'ai partagé et vécu beaucoup d'émotions avec un homme qui, par le passé, avait eu l'intention de me tirer avec son pistolet. À sa sortie de prison, il est venu vivre la conférence de *La Renaissance*, ce qui lui a permis de faire la paix avec lui-même et avec moi. De mon côté, l'accueil chaleureux que je lui ai réservé prouvait que mon pardon à son égard était total. Maintenant, lors des conférences, cet homme vient témoigner à l'occasion des bienfaits que le pardon a apportés à sa vie.

Le pardon est un choix et, peu importe la raison, il ne doit jamais devenir une obligation. Plusieurs parents forcent leurs enfants à se réconcilier, mais comme ils y sont obligés, ce pardon entre frères et sœurs ne peut pas, à mon avis, être tout à fait véritable. Et quand tu en arrives à vouloir te libérer de tes souffrances intérieures par toi-même, voilà un temps propice au vrai pardon.

On trouve encore aujourd'hui des gens qui croient et agissent selon la loi du talion: «Œil pour œil, dent pour dent» et qui sont convaincus que si l'on fait encore plus mal à quelqu'un qui nous a déjà blessé, on va guérir plus vite. En fait, c'est plutôt la loi de la vengeance et c'est foncièrement faux, car la loi du retour prévoit que: *«On récolte ce qu'on sème.»*

Le pardon exige de la maturité et un dépassement de soi. Tu dois en arriver à souhaiter de l'amour à tous ceux qui t'ont blessé pour ensuite recevoir de l'amour de l'univers, tout en en référant encore à cette loi universelle du retour.

N'oublie pas que l'on ne vient pas au monde meurtrier, violeur ou jaloux, etc. On le devient par l'accumulation de nos souffrances mal gérées. Dis-toi que personne n'est méchant sur terre et que les gens qui blessent les autres ne sont ni plus ni moins que des gens qui souffrent. Je t'assure qu'il y a du bon dans chaque individu et chacun a droit au pardon, tout comme toi d'ailleurs.

Les perfectionnistes ont parfois de la difficulté à se pardonner à eux-mêmes, car ils ne se permettent pas d'erreurs. Si tu veux évoluer dans la vie, n'oublie jamais que tout le monde est imparfait, sans exception, et que tous ont droit à l'erreur. C'est ce qu'on appelle «être humain». Dans ton cheminement personnel, il est impossible d'attendre la perfection de toi-même, alors pourquoi l'attendre des autres?

Lors de mes ateliers sur le pardon, j'ai pu d'ailleurs remarquer qu'une fois que les gens comprennent ce qu'est réellement le pardon, seuls les êtres immatures ne veulent pas pardonner. Ils choisissent alors de rester pris avec leurs émotions destructrices. Parmi ceux-là, on reconnaît les victimes qui, si elles pardonnaient, n'auraient plus de raisons de se plaindre.

La société n'est pas vraiment habituée à des démonstrations de pardon. Des journaux ont fait preuve d'incompréhension en traitant de «mère sans cœur» une femme qui s'était rendue en prison pour dire à l'assassin de sa fille qu'elle lui pardonnait. Pour elle, c'était avant tout un geste de libération et de détachement émotionnel de ce mal qui l'emprisonnait à chaque minute de sa vie.

Pourtant, d'autres journaux ont qualifié de «beau geste» la rencontre du pape Jean-Paul II qui voulait pardonner à l'agresseur qui l'avait tiré à bout portant. Je t'assure que ce n'est pas seulement les hommes de foi qui ont droit au pardon pour retrouver l'équilibre dans leur vie, mais bien chacun de nous.

Il est normal que pardonner puisse sembler difficile si tu es habitué instinctivement à emprisonner tes émotions au lieu de les libérer. Afin de t'aider à réfléchir en ce sens, je te raconte l'histoire d'un père qui, avec fierté, veut enseigner à son garçon pour la première fois comment faire du ski nautique.

Après quelques explications, l'enfant se retrouve debout sur les skis derrière le bateau et tout se déroule bien. Quelques minutes plus tard, son père s'aperçoit que son garçon vient de tomber à l'eau. Il fait alors tourner le bateau pour aller le repêcher. Arrivé à l'endroit où son garçon est tombé, il ne voit aucun signe de vie. Le père, apeuré soudain par la situation, se met à paniquer, fait de nouveau demi-tour avec le bateau pour essayer de retrouver son fils, mais il ne voit toujours rien.

Puis tout à coup, le père a le réflexe de relâcher les moteurs du bateau et il voit finalement son fils remonter à la surface. Le garçon n'avait jamais lâché la corde... On agit un peu comme ça dans la vie, parfois on retient plusieurs émotions qui sont néfastes à notre bonheur intérieur, simplement par instinct ou par peur de les laisser aller. Tout comme le garçon qui allait se noyer, retenu à la corde du bateau, tout simplement parce qu'il ne savait pas mieux réagir.

LE PARDON A SES LIMITES

N'oublie pas : en pardonnant, tu ne donnes raison à personne de t'avoir blessé, tu te libères simplement de ton mal intérieur.

Le pardon n'est pas synonyme de stupidité. Si tu pardonnes à ton voisin le fait qu'il t'ait volé de l'argent, tu n'es nullement obligé de lui prêter ton auto par la suite. Si tu pardonnes son infidélité à ton mari, pour la huitième fois, tu n'es pas obligée de poursuivre cette relation. Tu as d'autres choix.

EXERCICE DU PARDON

Étant donné que nous venons de parler du pardon, tu en connais maintenant les principes et les bienfaits pour toi. À toi maintenant de prendre la décision de pardonner en réalisant cet exercice.

Si tu souhaites pardonner à quelqu'un ou à toi-même, voici les étapes à suivre. Ce travail de croissance personnelle peut prendre plusieurs semaines et il est très important que tu suives toutes les étapes pour vraiment bénéficier du plein processus thérapeutique de cet exercice. Il pourrait changer ta vie pour le mieux.

1. Rédige une liste de tous les gens qui t'ont blessé.

2. Compose une lettre à chaque personne qui t'a blessé et exprime-leur toutes les émotions négatives que tu ressens à leur égard pour libérer les non-dits de ton cœur.

    Note importante: ne donne ces lettres à personne, garde-les pour toi seulement et elles deviendront un outil de travail pour t'aider à pardonner plus tard.

3. Dresse aussi une liste de tous les gens que tu as blessés.

4. Écris-toi ta propre lettre dans laquelle tu décris toutes les émotions négatives que tu entretiens vis-à-vis toi-même, pour déplorer tout le mal que tu as fait toi aussi à toutes ces personnes. Exprime tout le mécontentement que tu ressens envers toi-même.

5. Une fois que toute tes lettres sont écrites, relis-les à haute voix, seul ou en présence d'une personne de confiance.

6. Sors ensuite à l'extérieur et brûle toute ces lettres pour couper symboliquement tout lien avec ton passé. C'est pour toi un nouveau départ.

7. Ensuite, tiens-toi debout pour déclarer ton pardon en lisant à voix haute ce qui suit:

Mon Dieu, donne-moi la sérénité
d'accepter les choses que je ne peux changer;
de changer les choses que je peux
et la sagesse d'en connaître la différence.

Mon Dieu, donne-moi le courage et la sagesse
de pardonner à tous ces gens souffrants qui m'ont blessé.
Mon Dieu, je consens à ce que tu pardonnes à
tous ces gens souffrants qui m'ont blessé.
Mon Dieu, je comprends maintenant aujourd'hui
que je dois leur souhaiter de l'amour pour en recevoir en re-
tour.

Mon Dieu, donne-moi le courage et la sagesse
de finalement me pardonner
pour tous ces gens que j'ai pu blesser,
et pour tout le mal que je me suis causé.
Je comprends maintenant aujourd'hui
que j'étais souffrant et non méchant.
Et moi aussi j'ai le droit d'être bien,
et moi aussi j'ai le droit au bonheur,
car dans le fond de mon cœur blessé
je suis juste un petit enfant.
Amen.

Se libérer des souffrances qui nous hantent est une preuve de santé mentale et une forme d'amour envers soi-même. Je te souhaite de pratiquer cet exercice de pardon dans ton quotidien et chaque fois que tu seras blessé par une personne souffrante.

Je t'encourage à mettre également de la sérénité dans ton cœur pour améliorer ta vie. Si apprendre à pardonner a pu t'aider, pourquoi ne pas en parler avec tes amis qui peuvent avoir eux aussi besoin d'équilibre intérieur?

SI TU CROIS

Source inconnue

Si tu crois qu'un sourire est plus fort qu'une arme.
Si tu crois que ce qui rassemble les hommes
est plus important que ce qui les divise.
Si tu peux écouter le malheureux
qui te fait perdre du temps et lui faire quand même un
sourire.
Si tu sais accepter la critique et en faire ton profit
sans la renvoyer et sans te défendre.
Si tu peux te réjouir de la joie de ton voisin.
Si l'injustice qui frappe les autres
te révolte autant que celle que tu subis.
Si tu crois qu'un pardon
va plus loin qu'une vengeance.
Si tu sais donner gratuitement de ton temps.
Si pour toi l'étranger que tu rencontres est un frère.
Si tu partages ton pain
et que tu sais préférer l'espérance au soupçon.
Si le regard d'un enfant
parvient encore à désarmer ton cœur.
Si tu crois que l'amour
est la seule force de discussion.
Alors, la paix viendra!

SOIS HEUREUX!

Lors de mes conférences, je dis toujours que la «vraie thérapie» n'est pas durant ces heures que nous avons passées ensemble, mais qu'elle s'amorce plus tard, dans la vraie vie, alors que chacun met en pratique et utilise les nouveaux moyens qu'il a à sa disposition pour faire face aux épreuves qui se présentent.

Pour ma part, j'ai développé une meilleure attitude face à la vie en tentant de rendre des gens heureux et en leur offrant des outils faciles à utiliser. On dit qu'une peine partagée réduit de moitié la douleur ressentie, mais que le bonheur partagé, lui, s'en trouve doublé.

Pour moi, écrire ce livre a été une expérience enrichissante et la concrétisation d'un autre rêve que je voulais accomplir. Dans la vie, il ne faut jamais confier ses rêves simplement à la chance, mais il faut plutôt comprendre que c'est à nous de passer à l'action afin de les réaliser.

Si ce livre a pu t'aider, j'aimerais lire ton histoire et avoir tes commentaires. Je répondrai personnellement à chacune des lettres que je recevrai, soit par courriel ou par la poste. Au plaisir de te lire,

Marc

TA RENAISSANCE

La route qu'on nous a tracée ne dure qu'un temps limité. Alors, profite d'aimer autant que la Vie te permet d'aimer.

Règle ton passé, ne le traîne pas avec toi.
Embellis ta vie, tu as droit au bonheur.

Ne remets pas à demain ce qui peut être fait aujourd'hui.
Aie le goût de foncer afin d'atteindre fierté et réussite.

Ignore tout jugement, fie-toi plutôt à ton miroir.
Ne retiens que le bien, le mal nuit à ta croissance.

Sauve ton enfant intérieur, il compte sur toi.
Aime sans condition, personne n'est parfait.

Ne garde pas rancune, ce n'est pas une solution.
Étreins ton prochain, il a autant besoin d'amour que toi.

Essuie tes pleurs maintenant et avance heureux!

CONFÉRENCES DE
LA RENAISSANCE

DISPONIBLES
DANS CES VILLES DU QUÉBEC:

AYLMER
GATINEAU
ÎLE BIZARD
LACHUTE
MONTRÉAL
SAINT-JÉRÔME
SAINT-HUBERT
SAINT-HYACINTHE
VAUDREUIL-DORION
VAL D'OR
BELOEIL, LONGUEUIL
et
HAWSKESBURY, Ontario
ORLÉANS, EMBRUN, ROCKLAND

D'AUTRES RÉGIONS
SERONT DÉVELOPPÉES BIENTÔT.

POUR LES CONFÉRENCES EN ANGLAIS,
ENTREZ EN CONTACT AVEC NOUS.

POUR INFORMATION
TÉLÉPHONES:
Montréal: 514-332-9111
Ontario: 613-632-9654

Bibliographie

DALLAIRE, Yvon, *S'aimer longtemps*, Les éditions Option Santé, Québec, 1998.

KELEN, Jacqueline, *Aimer d'amitié*, Éditions Robert Laffont, Collection Réponses, Paris, 1992.

LÉVESQUE, Aline, *Guide de survie par l'estime de soi*, Les éditions Un monde différent ltée, Saint-Hubert, 2000.

MANDINO, Og, *Le plus grand miracle du monde*, Les éditions Un monde différent ltée, Saint-Hubert, 1979.

PECK, Scott, *Le Chemin le moins fréquenté*, les éditions Robert Laffont, Paris, 1987.

SCHULLER, Robert, *S'aimer soi-même*, Les éditions Un monde différent ltée, Saint-Hubert, 1979.

TÉMOIGNAGES DE PARTICIPANTS

«*La Renaissance* a été pour moi un fil conducteur vers mon intérieur. J'ai retrouvé mon équilibre et ma joie de vivre, quel cadeau! Merci à toute l'équipe.»

Sonya (Saint-Hubert, Québec)

«J'ai trouvé la conférence simple et très efficace. J'ai appris à me connaître dans un climat de confiance et de respect.»

Eduardo Da Costa, (Laval, Québec)
Gérant de Boom Desjardins (chanteur de La Chicane) et de Marie-Chantal Toupin

«Marc est un gars exceptionnel qui m'a aidé à dédramatiser ma vie.»

Ivéric Bougie
Chanteur des Fous du Rock'n Roll

«Grâce à *La Renaissance*, je m'accepte telle que je suis avec mes défauts et mes qualités.»

Marie-Chantal Toupin
Chanteuse professionnelle

«C'est vrai que quand tu connais la cause de tes problèmes, tu peux les régler. J'ai appris à aimer. Merci!»

Yves (Saint-Jérôme, Québec)

«Je suis arrivé avec beaucoup de fausses croyances qui venaient de loin et qui m'empêchaient d'être positif. Je vois maintenant clair. Quel changement, merci!»

Richard (Trois-Rivières, Québec)

«J'ai appris à pardonner totalement, du fond de mon cœur, à ceux qui m'ont blessée, quel soulagement! Merci.»

Lisette (Montréal, Québec)

«Merci de m'avoir parlé franchement et de me permettre de me regarder moi-même. Je sais qu'il n'y a pas d'âge pour apprendre de son passé.

Josée (Québec, Québec)

«Quelle conférence incroyable pleine d'humour et d'émotions! Merci.»

Chantal (Hawkesbury, Ontario)

«Je vis mes émotions grâce à cette conférence tellement réaliste, basée sur du vécu. Je n'ai pas eu besoin d'un dictionnaire pour suivre et comprendre.»

Lynn (Hull, Québec)

«À tous les jours on me demande: "Qu'est-ce qui t'est arrivé, t'as toujours le sourire."»

Ginette (Ottawa, Ontario)

«Être capable de vivre avec moi-même, comprendre mon passé, vivre au présent et être bien, ce fut toute une découverte.»

Louise (Lac Simon, Québec)

«Une grande partie de moi croyait que j'étais rien, ni pour moi ni pour les autres, sans but dans ma vie. Maintenant, je suis importante et belle pour moi et mon entourage. Mon attitude m'a permis de renouer avec mes ami(e)s et de nouvelles personnes se rapprochent de moi.»

Huguette (Saint-Isidore, Ontario)

«Je me suis pardonné... j'ai compris mes erreurs, j'ai tiré mes leçons et j'ai enfin droit à une nouvelle vie.»

Gérard (Montebello, Québec)

«Grâce à cette conférence, j'ai réussi à accepter mon handicap et je suis finalement bien dans ma peau.»

Paul (Curran, Ontario)

«J'ai découvert que le bonheur n'est pas chez les autres mais en moi.»

Michel (Casselman, Ontario)

«C'est le plus beau cadeau que je me suis fait de ma vie. Cette journée m'a rendu positif et je crois en mes possibilités.»

Allen (Chatham, Québec)

«L'alcool et la drogue, ce n'est plus pour moi. Je n'ai plus peur de me regarder sans fuir, merci.»

Stéphane (Montréal, Québec)

«Notre vie de couple n'est plus la même. Nous avons appris l'importance du pardon, de notre identité propre, sans jalousie... ce que devrait être une vraie communication basée sur le respect.»

Ben et Nancy (Hawkesbury, Ontario)

COORDONNÉES DE LA RENAISSANCE

LA RENAISSANCE est une conférence qui traite de croissance personnelle touchant plusieurs aspects de la vie d'une façon humoristique, émotionnelle et musicale.

La conférence est simple, efficace et basée sur l'écoute. Rien ne t'oblige à faire quoi que ce soit, alors sois bien à l'aise. On demande tout simplement aux participants et aux participantes d'écouter plutôt que de parler. LA RENAISSANCE devient alors une conférence bénéfique pour chacun, et ce, même pour les plus timides.

Nous offrons des sessions d'une journée ou de trois jours, des spectacles-thérapies ainsi que de la consultation individuelle. La conférence de base de LA RENAISSANCE dure trois jours consécutifs, ensuite des journées thématiques sont aussi offertes aux adolescents, aux femmes, aux hommes, aux couples et aux parents pour améliorer leurs compétences parentales.

Pour de plus amples informations, consulte notre site Web:

SITE WEB: www3.sympatico.ca/larenaissance
COURRIEL: larenaissance@sympatico.ca

ADRESSE DU SIÈGE SOCIAL
La Renaissance
C.P.633
Hawskesbury, Ontario
Canada K6A 3C8
TÉLÉPHONES:
Montréal: 514-332-9111
Ontario: 613-632-9654

CHEZ LE MÊME ÉDITEUR:

Liste des livres:

52 cartes d'affirmations, *Catherine Ponder*
52 étapes pour atteindre le succès, *Napoleon Hill*
52 façons de développer son estime personnelle et sa confiance en soi, *Catherine E. Rollins*
52 façons simples d'aider votre enfant à s'aimer et à avoir confiance en lui, *Jan Lynette Dargatz*
52 façons simples de dire «Je t'aime» à votre enfant, *Jan Lynette Dargatz*
1001 maximes de motivation, *Sang H. Kim*
Accomplissez des miracles, *Napoleon Hill*
Agenda du Succès *(formats courant et de poche)*, *éditions Un monde différent*
Aidez les gens à devenir meilleurs, *Alan Loy McGinnis*
À la conquête du succès, *Samuel A. Cypert*
À la recherche d'un équilibre: une stratégie antistress, *Lise Langevin Hogue*
Amazon.com, *Robert Spector*
Ange de l'espoir (L'), *Og Mandino*
À propos de..., *Manuel Hurtubise*
Apprivoiser ses peurs, *Agathe Bernier*
Arrêtez d'avoir peur et croyez au succès!, *Jean-Guy Leboeuf*
Arrêtez la terre de tourner, je veux descendre!, *Murray Banks*
Ascension de l'empire Marriott (L'), *J.W. Marriott et Kathi Ann Brown*
Attirez la prospérité, *Robert Griswold*
Attitude d'un gagnant, *Denis Waitley*
Attitude gagnante: la clef de votre réussite personnelle (Une), *John C. Maxwell*
Attitudes pour être heureux, *Robert H. Schuller*
Au cas où vous croiriez être normal, *Murray Banks*
Bien vivre sa retraite: l'art de profiter de ses temps libres, et la vie affective et sexuelle à la retraite,
    Jean-Luc Falardeau et Denise Badeau
Bonheur et autres mystères, suivi de La Naissance du Millionnaire (Le), *Marc Fisher*
Capitalisme avec compassion (Le), *Rich DeVos*
Changez de cap, c'est l'heure du commerce électronique, *Janusz Szajna*
Chapeau neuf (Le), *Marc Montplaisir*
Chemin de la vraie fortune (Le), *Guy Finley*
Cartes de motivation, *Un monde différent*
Ces forces en soi, *Barbara Berger*
Cœur à Cœur, l'audace de Vivre Grand, *Thierry Schneider*
Comment contrôler votre temps et votre vie, *Alan Lakein*
Comment réussir l'empowerment
    dans votre organisation? *John P. Carlos, Alan Randolph et Ken Blanchard*
Comment se fixer des buts et les atteindre, *Jack E. Addington*
Comment vaincre un complexe d'infériorité, *Murray Banks*
Comment vivre avec soi-même, *Murray Banks*
Communiquer: Un art qui s'apprend, *Lise Langevin Hogue*
Créé pour vivre, *Colin Turner*
Créez votre propre joie intérieure, *Renee Hatfield*
Dauphin, l'histoire d'un rêveur (Le), *Sergio Bambaren*
Débordez d'énergie au travail et à la maison, *Nicole Fecteau-Demers*
Découverte par le Rêve (La), *Nicole Gratton*
Découvrez le diamant brut en vous, *Barry J. Farber*
Découvrez votre mission personnelle par les signes de jour et par les rêves de nuit, *Nicole Gratton*
De l'échec au succès, *Frank Bettger*
De la part d'un ami, *Anthony Robbins*
Dépassement total, *Zig Ziglar*
Devenez influent, *Anthony P. Zeiss*
Développez habilement vos relations humaines, *Leslie T. Giblin*
Développez votre confiance et votre puissance avec les gens, *Leslie T. Giblin*
Développez votre leadership, *John C. Maxwell*
Devenez la personne que vous rêvez d'être, *Robert H. Schuller*
Devenez influent, neuf lois pour vous mettre en valeur, *Tony Zeiss*
Devenez une personne d'influence, *John C. Maxwell et Jim Dornan*

Liste des cassettes audio:

Après la pluie, le beau temps!, *Robert H. Schuller*
Arrêtez d'avoir peur et croyez au succès!, *Jean-Guy Leboeuf*
Assurez-vous de gagner, *Denis Waitley*
Atteindre votre plein potentiel, *Norman Vincent Peale*
Attitude d'un gagnant, *Denis Waitley*
Comment attirer l'argent, *Joseph Murphy*
Comment contrôler votre temps et votre vie, *Alan Lakein*
Comment se fixer des buts et les atteindre, *Jack E. Addington*
Communiquer: Un art qui s'apprend, *Lise Langevin Hogue*
Créez l'abondance, *Deepak Chopra*
De l'échec au succès, *Frank Bettger*
Dites oui à votre potentiel, *Skip Ross*
Dix commandements pour une vie meilleure, *Og Mandino*
Fortune à votre portée (La), *Russell H. Conwell*
Homme est le reflet de ses pensées (L'), *James Allen*
Intelligence émotionnelle (L'), *Daniel Goleman*
Je vous défie!, *William H. Danforth*
Lâchez prise!, *Guy Finley*
Lois dynamiques de la prospérité (Les), (2 parties) *Catherine Ponder*
Magie de croire (La), *Claude M. Bristol*
Magie de penser succès (La), *David J. Schwartz*
Magie de voir grand (La), *David J. Schwartz*
Maigrir par autosuggestion, *Brigitte Thériault*
Mémorandum de Dieu (Le), *Og Mandino*
Menez la parade!, *John Haggai*
Pensez en gagnant!, *Walter Doyle Staples*
Performance maximum, *Zig Ziglar*
Plus grand vendeur du monde (Le), (2 parties) *Og Mandino*
Pouvoir de l'optimisme (Le), *Alan Loy McGinnis*
Psychocybernétique (La), *Maxwell Maltz*
Puissance de votre subconscient (La), (2 parties) *Joseph Murphy*
Réfléchissez et devenez riche, *Napoleon Hill*
Rendez-vous au sommet, *Zig Ziglar*
Réussir grâce à la confiance en soi, *Beverly Nadler*
Secret de la vie plus facile (Le), *Brigitte Thériault*
Secrets pour conclure la vente (Les), *Zig Ziglar*
Se guérir soi-même, *Brigitte Thériault*
Sept Lois spirituelles du succès (Les), *Deepak Chopra*
Votre plus grand pouvoir, *J. Martin Kohe*

Liste du disque compact:

Mémorandum de Dieu (Le), (deux versions: Roland Chenail et Pierre Chagnon), *Og Mandino*

En vente chez votre libraire ou à la maison d'édition
Prix sujets à changement sans préavis

Si vous désirez obtenir le catalogue de nos parutions,
il vous suffit de nous écrire à l'adresse suivante:
Les éditions Un monde différent ltée
3925, Grande-Allée
Saint-Hubert (Québec), Canada J4T 2V8
ou de composer le (450) 656-2660 ou le téléc. (450) 445-9098
Site Internet: http://www.umd.ca
Courriel: info@umd.ca